기독교,
명리학과 만나다

기독교, 명리학과 만나다

이남호 지음

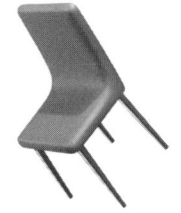

기독교와 명리학은 분명히 이질적인 학문입니다. 그러나 이질적인 학문이라고 해서 한 쪽의 존재 가치가 부정당해서는 안 됩니다. 기독교와 명리학의 공존 가능성 모색은 이 시대에 반드시 필요한 지적 작업 중의 하나입니다.

머리말

기독교인, 명리학과 만나다.

살다 보면 전혀 뜻하지 않는 순간을 맞이할 때도 있습니다. 그 뜻밖의 순간이란 대체로 지금까지 경험하지 못했던 불행의 순간이기 쉽습니다. 당사자들은 갑자기 닥친 불행에 대해 이러저러한 해석을 시도하지만, 어느 것도 속 시원한 해답을 주지 못하는 경우가 대부분입니다.

대한민국이 근대화의 길에 들어선 이후 이 땅의 사람들은 서구 학문의 세례를 받고 자라났습니다. 그러나 서구 학문의 장점인 사회에서 한 인간이 차지하고 있는 삶의 자리에 대한 정확한 분석도, 갑자기 들이닥친 불행에 대해 만족스러운 해답을 주지 못합니다. 견고한 신앙을 가진 기독교인이라면 이러한 상황에 대해 "우리는 고통을 당하면서도 기뻐합니다. 고통은 인내를 낳고 인내는 시련을 이겨내는 끈기를 낳고 그러한 끈기는 희망을 낳는다는 것을 우리는 알고 있습니다."(로마 5:4-5)라는 말씀을 붙들고 기도하면서 "이 또한 지나가리라."는 염원을 가질 수도 있습니다. 그러나 대부분의 사람들은 갑작스럽게 닥친 불행 앞에서 망연자실해 합니다.

현재 성공회 신부이자 상담심리사인 필자는 지난 2007년도에 선배 성직자들과의 갈등으로 인해 2년 반이라는 원치 않은 휴직 기간을 갖게 되었습니다. 필자는 갑작스럽게 닥친 어려움을 이해하기 위해 당시까지 익힌 서양 학문을 통해 다양한 해석을 시도해 보았습니다. 당연히 신앙을 통해 마음을 추슬러도 보았습니다. 그러나 어느 것도 속 시원한 해답을 주지 못했습니다. 당시 필자의 마음에는 사람들에 대한 야속함이 가득했으며, 제 자신을 이런 처지에 놓이게 한 하느님을 원망하기도 했습니다. 그러나 필자는 막막한 미래를 수동적으로 맞이하기에는 호기심이 많은 사람이었습니다. 따라서 필자는 2009년경부터 본인에게 닥친 상황을 설명해 줄 패러다임을 찾아 학문적 여행을 떠나게 되었으며, 그렇게 만나게 된 것이 바로 명리학이었습니다. '갑작스럽게 시작된 불행이라면 분명히 끝이 있을 터인데, 시간의 흐름에 따라 인간의 삶을 해석해 주는 학문은 무엇인가?'를 묻다가, 필자는 이러한 체계를 가진 학문이 바로 동양사상의 하나인 명리학임을 알게 된 것입니다.

필자가 2년 반의 휴직 기간을 마치고 2010년도에 발령을 받은 곳은 노숙 위기 가정보호시설이었습니다. 이 기관은 노숙 위기에 처한 가족들을 일정 기간 동안 보호하면서 자립의 길을 마련해 주는 곳인데, 필자는 이곳에서 상상을 초월하는 여러 굴곡진 삶들을 만나게 됩니다. 필자는 이 기관에서 4

년 가까이 근무하면서 100명이 훨씬 넘는 사람들을 만났는데, 그중에는 한때 사회 지도층에 속했던 사람도 있었고, 또 큰 부를 누리던 사람도 있었습니다. 그러나 단지 사회적 환경의 변화나 개인의 특성으로만 설명되지 않는 일들로 인해 현재와 같은 처지에 놓이게 된 사람들을 접하면서, 인간에게는 분명히 운명이 존재함을 확신하게 되었습니다.

즉 시간의 흐름에 따른 운의 변화라는 패러다임을 받아들이게 된 필자는, 이제 갑작스럽게 닥친 불행의 원인을 외부의 탓으로 돌리기보다는 내재적인 것으로 이해하게 되었습니다. 그러다보니 사람들에 대한 원망도 줄었고 더는 하느님을 원망하지도 않게 되었습니다. 그리고 명리학을 통해 지금 닥친 불행이 미래의 어느 시점에는 정리될 것이고, 그 이후의 삶은 지금보다는 나아질 것이라는 희망도 갖게 되었습니다. 따라서 필자는 본인의 휴직 경험과 노숙 위기 가정보호시설의 근무 경험을 토대로 명리학이 충분히 학문적 가치가 있다는 판단 아래, 동방문화대학원대학교에서 명리학 박사학위 과정을 밟게 되었습니다.

상담심리학을 전공한 필자는 서구 상담이 내담자의 자신에 대한 이해를 바탕으로 상담자의 공감을 통한 지지가 심리치료에 큰 도움을 주고 있음을 알고 있었습니다. 한편 이러한 서구의 전통적인 상담심리기법도 인간의 삶에 큰 도움을 주지만, 진로선택의 문제나 앞으로 전개될 삶의 대처에 관해서는 명리학적 상담기법이 비교우위를 지니고 있음도 깨닫게 되었습니다.

필자는 갑작스럽게 닥친 어려움에 빠진 사람들을 상담하면서 이러한 사람들에게 심정적인 지지와 위로도 필요하지만, 특정 시점에 시작된 어려움이 어떻게 마무리될 것인가, 즉 어려움이 시작한 때와 끝날 때를 알 수 있다면 내담자들이 좀 더 차분하게 미래를 대비할 수 있음도 확인하게 되었습니다. 필자는 실직으로 인해 막막한 상황에 놓인 사람이나, 현재 다니는 회사로부터 불이익을 받아 직장을 그만두려는 사람 중에서 "어느 정도의 기간이 지나면 새로운 직업을 갖게 될 것이다, 혹은 아직은 때가 아니니 묵묵하게 견디다 보면 좋은 직장으로 옮겨갈 수 있다."는 역술가의 조언을 받아들여, 인내를 가지고 때를 기다리는 사람도 보았습니다. 그리고 그 시기가 지나가면 이전의 성취를 넘어 더 높이 비상하는 사람을 목격하기도 했습니다. 즉 지지를 기반으로 하는 서양 상담에 때를 예측하는 명리학적 요소가 첨가된다면 상담이 더 효과적일 수 있음을 경험하게 된 것입니다.

명리학은 고려 말기에 이 땅에 들어온 이후로 사람의 운명에 관한 조언을 담당해오고 있습니다. 명리학은 조선 건국 초부터 과거 시험과목에 포함될 정도로 관학이자 공식 학문이었습니다. 그러나 조선 중기부터 성리학이 교조화되면서 명리학은 사림(士林)들의 배척을 받아 위축되었습니다. 구한말 기독교를 포함한 서양문물이 들어오자 이에 동조한 기독교 지식인들도 계몽이라는 이름 아래 전통적인 사상을 폄하하고 서양사상이 뛰어나다는 의식을 심었습니다. 일제 강점기에는 조선총독부의 지도 아래 조선의 전통

문물을 말살하는 정책이 펼쳐졌습니다. 또한 해방 이후에는 정권이 바뀔 때마다 구습 타파를 주장하며 명리학을 미신으로 몰아세우는 정부의 편협성으로 인해, 명리학은 음지의 학문이 되어버린 지 오래입니다.

지금 한국에서는 기독교와 명리학이 소원한 관계에 놓여 있습니다. 기독교와 명리학은 이 땅의 양지와 음지에서 크게 영향력을 발휘하는 신념체계임에도 불구하고, 그 차이를 좁히려는 노력이 이루어지지 않고 있습니다. 기독교의 입장에서는 명리학의 조언을 받아들이는 사람들을 신앙이 부족하거나 아니면 사술(詐術)에 빠진 사람처럼 여기는 것도 엄연한 현실입니다. 또한 자신에게 닥친 문제를 해결하고자 명리학으로부터 조언을 구하는 기독교인 역시 스스로를 떳떳하지 않다고 생각합니다. 명리학 역시 현실에 안주하여 두 체계 사이에 놓인 간극을 메우려는 노력 없이 술수에만 치우쳐, 학문적인 방법을 통한 기독교와의 관계 정립을 모색하지 않았습니다. 그러나 현실에서는 많은 사람이 암암리에 이 두 영역을 넘나들고 있습니다. 따라서 그 실용성과 타당성으로 인해 명리학은 여전히 실생활의 상담 도구로서 강력한 효력을 발휘하고 있음을 부인할 수 없습니다. 완벽할 수도 없고 완전하지도 않지만 이제 명리학이 상담의 한 방법론으로서 그 학문이 가지고 있는 가치만큼의 떳떳한 대우를 받을 때가 되었다고 생각합니다. 그러기 위해서는 무엇보다도 명리학에 대해 제대로 알아보지도 않은 채 백안시하는 기독교와의 관계 정립이 시급하다고 봅니다. 이에 필자는 기독교와 명리학의 비교 연구를 통하여 그 공통점과 차이점을 알아보고, 기독교와 명리학의 공존 가능성을 모색하고자 합니다.

　모든 사상은 나름의 완결된 세계관을 지니고 있습니다. 그리고 그 세계관 안에는 자연과 인간, 사회와 운명에 대한 독자적인 관점이 내재되어 있습니다. 기독교와 명리학도 예외는 아닙니다. 따라서 서로의 관점을 비교해야만 공통점과 차이점에 대하여 파악할 수 있습니다. 따라서 본 책에서는 기독교와 명리학의 자연관과 인간관, 사회관과 운명관의 비교를 통하여 기독교와 명리학의 공존 가능성을 모색하고자 합니다. 본 책의 1장은 기독교의 자연관과 유학·명리학의 자연관을 살펴봅니다. 기독교의 자연관에 있어서 급격한 변화가 일어난 근대를 기점으로, 그 이전의 자연관과 이후의 자연관의 차이점을 대비하여 고찰합니다. 이어 명리학적 자연관의 바탕을 이루는 유학의 자연관을 알아보고, 명리학 자연관의 구성요소인 음양오행론, 천지인삼재론, 간지역법에 대해서 살펴봅니다. 그리고 두 자연관의 구성 주체를 비교하여 기독교의 자연관과 명리학적 자연관의 유사성을 고찰합니다. 2장은 기독교의 인간관과 명리학의 인간관에 대해 알아봅니다. 성서 연구를 통해 정리된 기독교의 인간관은 창조에 따른 피조성, 타락에 따른 죄성, 구원을 통한 회복이 그 골자를 이루고 있음을 살펴봅니다. 이후 공자, 맹자, 순자, 그리고 성리학의 유학적 인간관과 명리학적 인간관을 고찰하고 각 사상의 공통점과 차이점을 비교하고자 합니다. 3장은 기독교의 사회관과 명리학의 사회관을 살펴보고자 합니다. 기독교 사회관은 교회가 큰 비중을 두었던 국가관을 중심으로 살펴보고, 유학의 사회관은 그 지향점이 왕도정치를 향하고 있음을 살펴봅니다. 명리학의 사회관은 이상주의적인 유학의 사회관과는 대조적으로, 재성(재물)과 관성(관직)을 중요시하는 현실주의적 사회관임을 살펴봅니다. 그리고 세 사상의 사회관의 공통점과 차이점을 비교하고자 합니다. 4장은 기독교의 예정론과 명리학의 운명론을 고찰합니다. 기독교의 운명론이라고 할 수 있는 예정론에 대한 어거스틴, 칼빈, 바르트의 사상을 고찰합니다. 그리고 명리학 운명론의 바탕을 이루는 유학의 정명(定命)론을 고찰하고, 명리학의 체계와 운명론에 대해 알아보고자 합니다. 이후 기독교 예정론과 명리학의 운명론을 비교하고자 합니다. 5장은 결론으로 기독교와 명리학의 공존 가능성을 모색해 보고자 합니다. 공존이 가능한 이유는 기독교 교리인 일반 섭리 안에 명리학의 이론적 배경이 되는 음양오행론이 수용될 수 있다고 보았기 때문입니다. 따라서 결론에서는 기독교와 명리학의 공존이 가능함을 고찰하고, 현대에 있어서 명리학의 효용성에 대해 알아보고자 합니다.

　　기독교와 명리학은 분명히 이질적인 학문입니다. 그러나 이질적인 학문이라고 해서 한 쪽의 존재 가치가 부정당해서는 안 됩니다. 기독교와 명리학의 공존 가능성 모색은 이 시대에 반드시 필요한 지적 작업 중의 하나입니다. 그리고 사주팔자에 관한 기본 지식이 없다면 해독이 어려운 것이 명리학과 관련된 서적입니다. 본 책은 명리학의 이론을 설명하기보다는 기독교와의 관계를 다루고자 한 것이기에, 명리학의 특정 이론이 이해가 되지 않는다면 그냥 넘어가주시기 바랍니다. 더불어 사주해석에 관한 자세한 내용은 다른 서적을 참고해 주시면 감사하겠습니다. 덧붙여 본 책은 광범위한 동양과 서양의 사상을 포괄적으로 다루는 방식으로 인하여 시론적인 성격을 띠며, 따라서 그 내용의 깊이에 있어서 커다란 한계가 있음을 송구하게 생각합니다.

끝으로 지난 28년간 모자란 남편을 물심양면으로 지원해 준 사랑하는 아내 김주영과 부족한 아비를 믿고 따라준 두 딸 이정민, 이정수에게 이 책을 바칩니다. 더불어 저를 사회교육의 장으로 초대해주시고 책의 출판에 힘써주신 훈스토리 성훈 대표님, 그리고 탁월한 감각을 발휘해주신 디자이너 이보람 선생님께 감사를 드립니다.

차례

머리말	**기독교인, 명리학과 만나다.**	… 5

1장 **기독교와 명리학의 자연관 비교** … 19

    1. 기독교의 자연관

        1) 근대이전 기독교의 자연관 … 24

        2) 근대이후 기독교의 자연관 … 28

    2. 유학과 명리학의 자연관

        1) 유학의 자연관 … 34

        2) 명리학의 자연관

          (1) 음양오행론 … 39

          (2) 천지인삼재론 … 42

          (3) 간지역법 … 44

    3. 기독교와 명리학의 자연관 비교 … 48

2장 **기독교와 명리학의 인간관 비교** … 57

    1. 기독교의 인간관

        1) 창조에 따른 피조성 … 63

         2) 타락에 따른 죄성 … 66

        3) 구원을 통한 회복 … 69

2. 유학과 명리학의 인간관

    1) 유학의 인간관 　　　　　　　　　　　… 74

    2) 명리학의 인간관

        (1) 자연적·현세적 존재 　　　　　　　… 81

        (2) 운명론적 존재 　　　　　　　　　… 85

        (3) 가능성의 존재 　　　　　　　　　… 86

3. 기독교와 명리학의 인간관 비교 　　　　　　… 88

3장　기독교와 명리학의 사회관 비교 　　… 91

1. 기독교의 사회관

    1) 예수의 사회관 　　　　　　　　　　… 98

    2) 어거스틴의 사회관 　　　　　　　　… 102

    3) 칼빈의 사회관 　　　　　　　　　　… 105

    4) 본회퍼의 사회관 　　　　　　　　　… 108

2. 유학과 명리학의 사회관

    1) 유학의 사회관 　　　　　　　　　　… 112

    2) 명리학의 사회관

        (1) 명리학의 가족관 　　　　　　　　… 123

        (2) 명리학의 사회관 　　　　　　　　… 128

3. 기독교와 명리학의 사회관 비교　　　　　　… 132

4장　기독교와 명리학의 운명관 비교　　　　… 137

1. 기독교의 예정론

　1) 어거스틴의 예정론　　　　　　　　　　… 142

　2) 칼빈의 예정론　　　　　　　　　　　　… 147

　3) 바르트의 예정론　　　　　　　　　　　… 154

2. 유학과 명리학의 운명론

　1) 유학의 운명론　　　　　　　　　　　　… 158

　　(1) 선진유학의 정명론　　　　　　　　　… 160

　　(2) 동중서의 정명론　　　　　　　　　　… 167

　　(3) 왕충의 정명론　　　　　　　　　　　… 170

　　(4) 성리학의 정명론　　　　　　　　　　… 174

　　(5) 기타 사상의 정명론　　　　　　　　　… 177

　2) 명리학의 운명론

　　(1) 명리학의 전개 과정

　　　- 고법명리(古法命理)　　　　　　　　… 180

　　　- 신법명리(新法命理·子平命理學)　　　… 181

(2) 자평명리학의 주요개념
- 중화(中和)사상 ⋯ 184
- 용신(用神) ⋯ 187
- 격국(格局) ⋯ 191
- 행운(行運) ⋯ 194
(3) 자평명리학의 운명론 ⋯ 197
3. 기독교 예정론과 명리학 운명론의 비교 ⋯ 202

5장　**기독교와 명리학의 공존 가능성 모색**　⋯ 209

참고한 책 ⋯ 220
찾아보기 ⋯ 229

1장 기독교와 명리학의 자연관 비교

명리학이야말로 어떠한 동양학보다도 자연과 자연의 일부로서의 인간 이해에 대해 구체적이고 치밀한 증거를 제시할 수 있는 학문입니다. 인간 역시 또 하나의 자연이라는 사고는 명리학의 저변에 강력하게 흐르는 사상이기 때문입니다. 명리학은 기독교에서 말하는 흙으로서의 인간 이해에 대해 가장 명확한 인식을 제공합니다.

기독교가 종교로서 지닌 가장 큰 특징은 바로 계시종교라는 점입니다. 계시는 사람이 알 수 없는 진리를 신이 깨우쳐 알게 한다는 의미를 지니고 있습니다. 따라서 계시는 기독교 신앙의 기초이며 내용입니다. 만약 하느님의 자기 계시가 없다면 인간은 하느님을 알 수도 없고 기독교 신앙도 존재하지 않았을 것입니다.

기독교의 계시에는 일반 계시와 특별 계시가 있는데, 일반 계시는 피조 세계나 인간의 도덕적 의식 속에 존재하는 하느님의 자기 계시를 말합니다. 반면 특별 계시는 성서에 기록되고 해석된 사건들에 나타난 하느님의 자기 계시를 말합니다. 즉 성서는 하느님의 자기 계시를 기록한 책으로서, 특별히 그리스도와 관련된 사건들 속에 있는 하느님의 자기 나타냄에 관한 기록입니다.

그렇다면 하느님의 특별 계시이자 기독교의 경전인 성서는 자연을 어떻게 바라보고 있을까요? 성서는 구약과 신약에 걸쳐서 자연에 대해 언급하고 있습니다. 무엇보다도 성서에서 말하는 자연의 가장 큰 특징은 바로 피조성입니다. 피조성은 인간을 포함한 삼라만상이 자신의 존재에 대한 원인적 주도권을 그 자체 안에 지니고 있지 않음을 의미합니다. 성서에서의 자연은 천지창조에 관해 다룬 『구약성서』의 「창세기」에서 집중적으로 언급되고 있습니다. 「창세기」에 나온 자연관을 살펴봄에 있어서 유의해야 할 점은 자연의 창조가 인간의 창조와도 밀접하게 관련을 맺고 있다는 사실입니다.

또한 성서에 등장하는 자연과 인간의 관계를 해석하는 방법은 시대정신과 밀접하게 관련을 맺고 있는 당대의 신학에 의해 규정되기도 하였습니다. 따라서 때로 자연과 인간은 뗄 수 없는 상호연관성을 가진 존재로 인식되기도 했고, 반대로 정복과 착취의 대상으로 여겨지기도 했습니다. 본 장에서는 기독교의 자연 인식에 있어서 급격한 변화를 가져온 근대를 기점으로 그 이전과 이후의 자연관에 대해 알아본 후, 변증법적 지양이라고 할 수 있는 현대 기독교의 입장에 관해 이야기하고자 합니다.

한편 동양에서 자연을 바라본 입장은 비교적 통일되어 있습니다. 먼저 중국 고전에서 자연이란 글자 그대로 '그 스스로 그러함'을 뜻합니다. 그것은 일반적으로 사물의 존재나 생성의 원인이 밖에 있지 않고 그 자체 안에 있음을 의미합니다. 따라서 동양에서는 자연을 하나의 유기체로 인식하고 있습니다. 즉 동양에서의 자연은 각 부분이 일정한 목적 아래에 하나의 통일체로 이루어져 있어, 부분과 전체가 긴밀한 관계를 가지는 조직체인 것입니다.

동양의 유기체적 자연관은 도가의 자연 철학적 영향 아래 유가계열의 사상가들에 의해 집대성된 『역전』에서 분명하게 드러납니다. 『역전』은 점서인 『주역』의 유가적 해설서로, 10개의 『역전』 중에서도 특별히 「계사전」이 자연과 신, 인간을 하나로 아우르는 유기체적 자연관을 제공하고 있습니다. 「계사전」은 자연과 인간을 포함한 우주 만물을 아우르는 근본원리를 일음일

양지위도(一陰一陽之謂道)라는 문장 안에 담고 있습니다. 즉 '한번 음하고 한 번 양하는 것을 일컬어 도'라고 정의한 것입니다. 이 말은 음양의 상보적인 운동으로 인해 우주의 존립 및 생성이 이어져 나가고 있음을 함축적으로 의미하고 있습니다. 그리고 이 음양론은 오행론과 결합되어 명리학의 자연이해의 근거가 되고, 나아가 하늘과 땅, 사람이 같은 원리에 의해 움직이고 있다는 천지인삼재론 역시 음양오행론과 더불어 명리학의 핵심적인 자연관을 구성하고 있습니다. 더불어 이러한 자연의 움직임을 구체적, 체계적으로 표현하는 수단인 간지역법에 대해서도 알아보고자 합니다.

1. 기독교의 자연관

1) 근대이전 기독교의 자연관

　기독교의 자연관을 이해하기 위해서 먼저 자연에 관해 언급한 성서의 내용을 살펴보아야 합니다. 이에 앞서 우리가 유념해야할 사실은 성서는 상황을 초월하는 보편타당하고 절대적인 윤리 규범을 제시하는 책이 아니라는 점입니다. 또한 성서는 한 사람의 저자가 뚜렷한 집필 목적을 가지고 써 내려간 학술서적도 아닙니다. 다양한 저자와 여러 시대에 걸쳐 작성된 성서는 기술의 일관성도 없으며 심지어는 서로 모순되는 내용도 들어있습니다. 예를 들자면 『구약성서』의 「출애굽기」에 등장하는 십계명에서는 "네 부모를 공경하라."고 권하지만, 신약성서인 「마태오복음」에서 예수는 "누가 내 어머니고 내 형제들이냐? 하늘에 계신 내 아버지의 뜻을 실천하는 사람이면 누구나 다 내 형제요 자매요 어머니이다."라고 하여 십계명과는 배치되는 주장을 합니다. 성서의 저술에 있어서 이러한 특징은 성서가 사람들이 처해

있는 삶의 정황(Sitz im Leben)에 따라 다르게 해석되고 적용되는 경전이기 때문입니다. 삶의 자리 혹은 정황이란, 하나의 성서 문서가 성립되기까지 그 성립에 필요한 광범위한 사회적 배경을 말합니다.

또한 성서는 시대 상황에 따라 다르게 해석되기도 하였습니다. 따라서 성서의 자연에 대한 언급은 일관성을 지니고 있지 않으며, 성서는 대체로 인간과 자연의 관계에 대하여 두 가지 상반된 입장에서 이야기하고 있습니다. 첫 번째는 인간이 하느님의 형상을 닮아서 자연에 비해 특수하고 우월한 존재라는 입장입니다. 예를 들면 다음과 같습니다.

> 하느님께서는 "우리 모습을 닮은 사람을 만들자. 그래서 바다와 고기와 공중의 새, 또 집짐승과 모든 들짐승과 땅 위를 기어 다니는 모든 길짐승을 다스리게 하자." 하시고, 당신의 모습대로 사람을 지어내셨다. 하느님의 모습대로 사람을 지어내시되 남자와 여자로 지어내시고 하느님께서는 그들에게 복을 내려주시며 말씀하셨다. "자식을 낳고 번성하여 온 땅에 퍼져서 땅을 정복하여라. 바다의 고기와 공중의 새와 땅 위를 돌아다니는 모든 짐승을 부려라."(창세 1:26-28)

> 들짐승과 공중의 새를 하나하나 진흙으로 빚어 만드시고, 아담에게 데려다주시고는 그가 무슨 이름을 붙이는가 보고 계셨다. 아담이 동물 하나하나에게 붙여준 것이 그대로 그 동물의 이름이 되었다.(창세 2:19)

"많이 낳아 온 땅에 가득히 불어나거라. 들짐승과 공중의 새와 땅위를 기어 다니는 길짐승과 바닷고기가 다 두려워 떨며 너희의 지배를 받으리라. 살아 움직이는 모든 짐승이 너희의 양식이 되리라. 내가 전에 풀과 곡식을 양식으로 주었듯이 이제 이 모든 것을 너희에게 준다."(창세 9:1-3)

두 번째 입장은 인간 또한 자연의 일부로서 자연과 별반 차이가 없다는 입장입니다.

야훼 하느님께서 진흙으로 사람을 빚어 만드시고 코에 입김을 불어 넣으시니, 사람이 되어 숨을 쉬었다.(창세 2:7)

"너는, 흙에서 난 몸이니 흙으로 돌아가기까지 이마에 땀을 흘려야 낟알을 얻어먹으리라. 너는 먼지이니 먼지로 돌아가리라."(창세 3:19)

그가 콧김을 마시고 입김을 들이쉬시면 만물은 일시에 숨이 멎고 사람은 티끌로 돌아가고 말 것입니다.(욥 34:14)

사람이란 본디가 짐승과 조금도 다를 것이 없다는 것을 하느님께서 밝히 보여주신다는 생각이 들었다. 사람의 운명은 짐승의 운명과 다를 바 없어 사람도 짐승도 같은 숨을 쉬다가 같은 죽음을 당하는 것을. 이렇게 모든 것이 헛되기만 한데 사람이 짐승보다 나을 것이 무엇인가. 다 같은 데로 가는 것을. 다 티끌에서 왔다가 티끌로 돌아가는 것을. 사람의 숨은 위로 올라가고 짐승의 숨은 땅속으로 내려간다고 누가 장담하랴.(전도 3:18-21)

그래도 성서는 전체적인 맥락에서 볼 때 매우 자연 친화적인 세계관을 지니고 있습니다. 성서는 자연이 하느님에 의해 창조되었기 때문에 인간과 마찬가지로 복을 누릴 권리가 있으므로 존중할 것을 명하고 있습니다. 「창세기」 1장 3절부터 31절까지를 보면, 태초에 하늘과 땅을 창조하시고 그 안에 필요한 모든 만물과 인간을 만드는 모든 과정에서, 하느님은 자신의 피조물을 보시기에 "좋았다"고 말씀하십니다. 따라서 인간의 이기적인 목적을 위하여 착취에 이를 정도로 마음껏 자연을 이용할 수 있다는 인간중심적 자연관은 근대이전까지는 두드러지지 않았습니다. 왜냐하면 중세까지 주류 신학이었던 스콜라 철학은 자연적 이성의 빛을 통해 피조물로부터 하느님을 인식할 수 있다고 보았으며, 피조물인 자연 속에서 발견되는 하느님 인식, 즉 창조의 자기 계시를 인정했기 때문입니다.

스콜라 철학의 자연관에 지대한 영향을 끼친 아리스토텔레스는 자연에는 운동이 일어나는 목적이 있으며, 목적인(目的因)은 자연의 모든 운동을 관장하는 최고의 원인이라고 했습니다. 사실 목적론은 기독교의 인격신 개념과 아리스토텔레스 자연학을 튼튼히 이어주는 가장 중요한 연결고리입니다. 기독교에 따르면 신은 어떤 의도와 목적으로 이 세계를 창조했으며 세계의 운행에는 신의 섭리가 작용합니다. 이런 기독교 세계관을 설명하는 데는 목적론이 제격이 아닐 수 없습니다. 즉 인간의 자연에 대한 우위에도 불구하고 그 수준과 층위만 다를 뿐 자연을 통해 신의 임재를 경험할 수 있다는 것이 중세까지의 기독교 자연관이었습니다.

그러나 근대로 접근할수록 인간이 하느님의 형상을 따라 만들어진 존재라는 사실은 인간과 모든 피조물과의 차이를 강조하는 것이 되고, 인간은 더욱 그들의 지배자로서 위치함을 의미하게 되었습니다. 이러한 인간과 피조물의 구별, 그리고 피조물에 대한 인간의 지배는 신비적, 범신론적 자연이해와는 무관한 전 자연의 비신화화를 창조신앙의 중심주제로 이끌어가게 됩니다. 따라서 인간의 자연에 대한 우월적 입장이 본격적으로 강조된 시기는 근대이후 자연과학의 발달과 생산력의 증가, 그리고 이를 뒷받침해주는 사상의 성립에 있다고 할 수 있겠습니다. 이제 근대사상의 영향을 받은 기독교의 자연관에 대해 알아보도록 하겠습니다.

2) 근대이후 기독교의 자연관

14세기의 유럽에서는 상업의 발달과 생산력의 증가로 인해 봉건사회가 몰락했으며, 이는 중세적 세계관의 쇠퇴를 불러 왔습니다. 16세기에 들어 절대왕정이 세워지자 각 나라들은 식민지 쟁탈에 나서기 시작합니다. 식민지 수탈과 생산력의 가파른 증가는 과학의 발전과 더불어 자연에 대한 가치의 변화를 가져왔습니다. 이러한 근대사회의 성립은 유통과 소비를 감당할 수 있는 자본주의라는 새로운 경제 체제를 성립시켰으며, 또한 원료 공급처로서의 자연에 대한 새로운 해석도 필요하게 됩니다. 이때 등장한 대표적인 근대 사상가가 영국의 베이컨(Francis Bacon, 1561-1626)과 프랑스의 데카르트(René Descartes, 1596-1650)였습니다. 이들의 자연관이 곧 근대사회의 자연관이 되었습니다. 또한 이들의 자연관을 성서의 자연 해석에 받아들인 기독교는 자연에 대한 인간의 지배권을 강화하고 자연에서 정신적인 측면을 걷어냈습니다. 그리고 이러한 경향은 20세기 중반까지도 큰 영향력을 미칩니다.

그렇다면 근대 자연관의 형성에 큰 영향을 끼친 베이컨과 데카르트의 자연관은 어떠할까요? 베이컨은 자신의 저서 『신기관』에서 "인간의 지식이 곧 인간의 힘이다. 원인을 밝히지 못하면 어떤 결과도 낼 수 없다. 자연은 오로지 복종함으로써만 복종시킬 수 있기 때문이다.", "순수한 자연철학은 나오지 않았다. 지금 자연철학은 온통 불순물로 오염되어 있다. 아리스토텔레스학파의 자연철학은 논리학에 오염되어 있고, 플라톤 학파의 자연철학은 자연신학에 오염되어 있다."고 하여 철학의 목적이 자연을 순수한 물질로서 정립하는데 있음을 밝힙니다. 따라서 베이컨의 자연관은 인간중심의 물질주의적이고 정복 지향적인 자연관이라고 할 수 있습니다.

데카르트의 "나는 생각한다, 고로 나는 존재한다."라는 명제는 우리에게 많은 점을 시사합니다. 데카르트는 이 명제를 통해 생각과 존재를 동일시했습니다. 생각을 근대의 용어로 말하면 '이성'입니다. 그러나 인간은 이성 이외에도 엄연히 감정과 의지와 육체를 지니고 있습니다. 하지만 이성 이외의 것들을 부차적인 것으로 여기고, 이성을 존재, 즉 인간과 동격으로 여기는 데카르트의 철학이 근대사상의 대표 주자가 됩니다. 따라서 데카르트의 선언에 의하면 이성을 제외한 일체의 것들은 이차적인 것이 됩니다. 인간의 자의에 의해 중요한 것과 부차적인 것을 가르는 이분법적 세계관이 성립된 것입니다. 이것은 더 나아가 세계를 이성을 소유한 인간과 인간이 아닌 것으로 나누는 데까지 확장되는데, 이는 인간을 위해 자연을 수단으로 이용해도 된다는 기계론적 세계관을 수반하게 됩니다. 따라서 데카르트의 자연관은 베이컨의 자연관에서 한 걸음 더 나아갔다고 볼 수 있습니다. 중세의 스콜라 철학에 의하면 자연은 낮은 수준에도 불구하고 여전히 인간과 연결성을 지니고 있는 존재의 위계질서 속에 포함되어 있었습니다. 즉 영혼은 인간만이 배타적으로 소유하는 어떤 것이 아니었습니다. 영혼은 인간 내면뿐만 아니라 외부 자연에도 존재했습니다. 따라서 영혼은 자연 개념을 구성하는 필수 불가결한 요소였습니다.

그러나 데카르트 이후 근대인에게 영혼은 오로지 인간 내면에만 존재하는 어떤 것이 됩니다. 이처럼 이성과 이성이 아닌 것의 분리, 영혼과 물질의 분리, 인간과 자연의 분리로 대표되는 데카르트의 이원론적 세계관은 근대 사회의 지배적인 이데올로기로 자리 잡게 됩니다. 더불어 이러한 이원론적 세계관은 중세의 목적론적 세계관을 물리치고 자연을 일종의 기계로 취급하는 기계론적 자연관의 성립을 가져왔습니다. 이처럼 자연에 대한 순수 과학적이고 객관적인 태도가 확립되면서 근대 서양 사상가들은 자연을 '어머니 대지'라는 메타포 대신에 '기계'라는 메타포로 이해하게 됩니다.

따라서 과연 당시의 기독교가 이러한 시대정신을 거스를 수 있었을까요? 이제 기독교는 베이컨과 데카르트의 철학에 힘입어 자연에 대해 더욱 공격적인 해석을 가하기 시작했습니다. 왜냐하면 인간만이 영혼을 지니고 있다는 데카르트의 이론은 기독교의 인간중심적인 입장을 강화하는데 도움을 주었기 때문입니다. 이것은 제도나 전통에 의존하고 있던 가톨릭에 비하여 하느님과 인간의 직접적인 관계를 표방하고 나선 프로테스탄트의 이념과도 일치하는 면이 있었습니다. 이러한 경향에 영향을 받은 근대 기독교의 자연관은 자연에 대한 인간의 착취를 정당화하기에 이르고, 따라서 오늘날 환경파괴의 주범이 기독교라는 불명예까지 뒤집어쓰게 된 것입니다. "자식을 낳고 번성하여 온 땅에 퍼져서 땅을 정복하여라. 바다의 고기와 공중의 새와 땅 위를 돌아다니는 모든 짐승을 부려라."(창세 1:26)는 구약의 말씀이 아무런 성찰 없이 근대사회에 선포된 것입니다. 이제 자연은 신성한 영혼이 존재하는 곳이 아니고 인간을 위해 봉사하는 물질적인 존재이며, 인간과는 질적인 차이를 지닌 도구적 존재로 전락하고 만 것입니다.

그러나 20세기 후반에 들어서서 자연의 남용으로 인해 환경의 위기가 닥쳐오고 이것이 현실적으로 인간의 생존을 위협하게 되자, 이제는 자연이 순수한 객체가 아니라 인간의 삶과 매우 긴밀하게 연결되어 있음을 깨닫게 됩니다. 인간에 의한 자연의 훼손이 기독교의 자연관에서 비롯된다고 최초로 경각심을 불러일으킨 사람은 미국의 역사학자 린 화이트 주니어(Lynn White Jr., 1907-1987)였습니다. 그는 기독교가 자연에 대한 인간의 우월성을 강조하면서 자연에 대한 지배적인 세계관이 싹트기 시작하였고, 인간과 자연의 분리과정을 통해 자연의 대상화가 이루어졌다고 했습니다. 또한 자연을 개발의 대상이라는 이름으로 무분별하게 파괴했는데, 이러한 자연에 대한 인간의 지배에 대해 성서가 이론적 근거가 되었다는 사례들 역시 17세기에 집중적으로 발견되고 있음을 밝혀냈습니다. 따라서 린 화이트 주니어가 말하고 싶었던 것은 자연에 대한 인간의 겸손입니다. 이 겸손은 한 종으로서의 인간이 타 생물의 종에 대해 지녀야하는 겸손입니다. 이러한 자세를 지닐 때 모든 창조물은 평등한 입장에 놓이게 됩니다. 그리고 각각의 존재 의의와 가치가 인정될 수 있습니다. 이후 기독교에도 생태학적인 관점에 기반을 둔 유기체적 자연관이 등장하게 되었고, 이를 신학적으로 뒷받침하는 신관인 범재신론(panentheism)이 강조되고 있는 추세입니다. 범재신론은 모든 것(汎, pan)이 신(theos) 안(en)에 있다는 주장입니다. 그러나 세상의 모든 존재를 합한 것이 신은 아니고 신은 그 이상이라는 신관입니다.

　　이처럼 기독교의 자연관은 근대이전까지는 인간과 자연의 차이에 대해 적극적인 표명을 하지 않았습니다. 그러나 근대이후 데카르트의 이원론과 그에 따른 기계론적 자연관이 성립됨으로써 인간과 자연 사이에는 질적인 차이가 있다고 믿게 되었습니다. 그러나 이러한 자연관은 인류의 삶에 위협을 가져오게 되었으며, 따라서 자연에 대해 유기체적이고 생태학적 관점을 요구하게 되었습니다. 반면에 동양적 자연관의 근간은 천인합일에 바탕을 둔 유기체적이고 생태학적인 자연관입니다. 이제 동양의 대표적인 사상인 유학과 또 유학의 영향을 받은 명리학의 자연관을 살펴본 후, 기독교의 자연관과 명리학의 자연관을 비교하고자 합니다.

2. 유학과 명리학의 자연관

1) 유학의 자연관

기독교의 자연관에는 확실히 인간과 자연의 긴장이 내포되어 있습니다. 따라서 근대이전과 근대이후의 기독교는 자연에 대한 해석이 달랐습니다. 그러나 동아시아의 사상에서는 인간과 자연이 적대적이지 않습니다. 동아시아의 사상은 자연을 정복과 지배의 대상으로만 파악하지 않습니다. 자연 속에서 인간을 보고 인간 속에서 자연을 본다고나 할까요? 즉 인간과 자연을 상호조화의 관계 내지는 공존의 대상으로 파악합니다. 조셉 니담은 『중국의 과학과 문명』에서 중국의 자연관의 특성을 '유기체적'이라는 말로 표현합니다. 이러한 관점은 학파마다 차이는 있지만, 유학과 명리학을 포함한 동양적 자연관의 공통된 특징이라고 볼 수 있습니다. 그럼 먼저 선진유학, 즉 진나라 이전 시대의 유학을 대표하는 공자와 맹자, 순자의 자연관을 알아보고 이어서 성리학의 자연관에 대해서 살펴보도록 하겠습니다.

유학의 태두라고 할 수 있는 공자의 자연관은 어떠할까요? 공자의 자연관을 이해하는데 있어서 가장 중요한 원리는 천인합일사상입니다. 천인합일사상이란 하늘과 사람이 같은 원리에 의해서 움직이며 이 둘의 관계가 유기적임을 의미합니다. 뒤에서 말씀드릴 천지인삼재론과도 같은 맥락입니다. 공자에게 있어서 천인합일사상의 근거가 되는 것은 바로 도(道)입니다. 공자는 한평생 도를 추구하며 살았습니다. "아침에 도를 들으면 저녁에 죽어도 좋다."(『논어』, 「이인」)는 비장한 언표가 이를 말해줍니다. 공자에게 있어서 도는 무엇에 의해서도 변하지 않는 절대 법칙입니다. 도는 인간을 포함한 우주를 관장하는 법칙입니다. 그리고 인간에게 주어진 선택은 도를 따를 것인가 말 것인가 밖에 없습니다. 적자생존이라는 말이 있습니다. 이 말은 적응하는 사람만이 생존할 수 있다는 뜻입니다. 인간에게는 우주의 법칙에 적응할 것인가 말 것인가의 선택만 있을 뿐입니다. 우주의 법인 도를 따르지 않는 사람들이 성공하는 듯 보이지만 결국에는 도태되고 맙니다. 섭리가 그 사람을 밀쳐내는 것입니다. 그러나 공자는 천인합일사상으로 인해 인간이 하늘보다 하위 존재로 떨어지는 것을 용납하지 않았습니다. 오히려 공자는 인간을 설명하기 위해 하늘의 개념을 적극적으로 활용한 사람이었습니다. 왜냐하면 공자 철학의 주 대상은 '사람'이었고 '사람과의 관계'였기 때문입니다. 공자는 초자연적인 것보다 자연적인 것을, 천상의 빛보다 지상의 빛을, 귀신보다 인간을, 죽음보다 삶을 더 중요시하는 철두철미한 인간 본위적인 사상가였습니다.

공자와 마찬가지로 맹자 역시 자연보다는 인간이 주요 관심의 대상이었습니다. 맹자는 "자기의 마음을 다하면 자기의 본성을 알게 되고, 자기의 본성을 알게 되면 하늘을 알 수 있다. 그 마음을 잘 보존하여 자신의 본성을 기르는 것이 하늘을 섬기는 일이다. 사람이 요절할 수도 있고 장수할 수도 있으나, 그로 인해 마음이 흐트러지지 않고 수신하면서 명을 기다리는 것이 바로 명을 세우는 것이다."(『맹자』, 「진심상」)라고 하여 인간과 하늘이 다르지 않으며, 인간의 운명과 행동 원리의 근거가 하늘에서 비롯되는 것임을 밝히고 있습니다. 또한 맹자는 "물에는 정말 동서의 구분도 없고 상하의 구분도 없지 않은가? 사람의 본성이 선한 것은 마치 물이 아래로 내려가는 것과 같으니, 사람으로서 선하지 않은 사람이 없고 물이면 아래로 내려가지 않은 물이 없다. 이제 물을 쳐서 튀기면 사람의 이마도 넘어가게 할 수 있고 격하게 흐르게 하면 산에도 올라가게 할 수 있으나, 그것이 어찌 물의 본성이겠는가? 외부의 힘으로 그렇게 하는 것이니, 사람을 불선하게 함은 그 본성이 또한 물의 경우와 같은 것이다."(『맹자』, 「고자상」)라고 하여 자연물을 인간의 본성을 이해하는데 사용합니다. 맹자에게 이러한 비유가 가능한 까닭은 공자와 마찬가지로 맹자 역시 인간과 자연이 그 본성에 있어서 천인합일적인 존재라고 생각했기 때문입니다.

한편 순자에 의하면 하늘은 단지 객관적인 자연계 그 자체입니다. 순자는 인간을 포함한 천지만물은 실재하는 물질이며 각종 사물은 모두 물질세계의 일부분이라고 봅니다. 순자에게 있어서 천지와 만물은 도덕의 원천이 아니며 찬양이나 숭배 혹은 순응의 대상도 아닙니다. 오히려 그것은 인간의 활동무대로서 인간이 적극적으로 활용하고 다스려야 할 대상으로 여겨집니다. 따라서 인간은 자신의 복리후생을 도모하기 위하여 자연을 지배, 이용, 개조할 수 있는 것입니다. 순자는 "하늘의 운행은 항상 변함이 없으니 요임금 때문에 존재하는 것도 아니요 걸왕 때문에 망하는 것도 아니다. 잘 다스림으로써 이에 응하면 길한 것이요 혼란으로써 이에 응하면 흉한 것이다. 별이 떨어지거나 나무가 울면 나라 사람들은 모두 두려워하여 말하기를 "이는 무슨 까닭인가?" 말한다. 답하기를 이는 아무것도 아니요, 천지의 변화이자 음양의 조화로서 드물게 나타나는 사물의 변화일 뿐이다. 그것을 괴상하다고는 할 수 있지만 두려워함은 잘못이다."(『순자』, 「천론」)라고 하여 자연을 객관적 실체로 파악하려는 경향이 두드러졌으며, 이를 통해 궁극적으로는 인간이 자연에 대해 지닌 두려움을 없애려고 하였습니다.

성리학의 자연관은 다음과 같습니다. 송나라 시대에 성립된 성리학은 '정주이학'이라고도 하는데, 이렇게 부르게 된 이유는 『태극도설』을 지은 주돈이, 이기론(理氣論)을 확립한 정호와 정이 형제, 그리고 성리학의 체계를 완성한 주희의 이름을 땄기 때문입니다. 성리학은 유교적 입장에서 우주의 이치와 자아를 탐구하고 수양과 실천에 힘썼던 도학자들의 사상을 계승하였으며, 불교와 도가의 사상을 받아들여 성립되었습니다. 성리학의 자연관은 성리학의 우주론인 이기론에서 도출됩니다. 리(理)는 전체 세계를 움직이는 원리이면서 동시에 개별사물의 존재 원리입니다. 또한 모든 존재의 원인인 동시에 모든 존재의 도덕적 원칙이기도 합니다. 주희는 리를 태극으로 봅니다. 태극은 전체성과 근원성을 의미하는데, 전체성이란 우주 만물을 포괄하는 보편적 원리라는 뜻이고 근원성은 우주 만물에 내재된 근본원리라는 뜻입니다. 기(氣) 개념은 원리, 법칙으로서의 리가 현실 세계에 드러나기 위해 의존하거나 이용하는 질료, 즉 재료입니다. 또한 기는 감각 기관에 인식되지 않지만, 리를 현상화하는데 기여하는 실질적 힘입니다. 그래서 에너지라는 용어로 풀이되기도 합니다.

우리는 일상생활에서 기라는 용어를 많이 사용합니다. 그렇다면 리와 기의 관계는 어떠할까요? 성리학의 근본명제인 이일분수(理一分殊)는 사물의 근원이 되는 리가 모든 사물에 다 깃들여 있어서 사람과 사물에는 아무 차이가 없음을 의미합니다. 그러나 이기불상리(理氣不相離)·이기불상잡(理氣不相雜)이라고 하여 비록 리와 기는 떨어질 수 없지만 그렇다고 해서 서로 섞일 수도 없다고 말합니다. 법칙인 리와 질료인 기의 개념은 현실적으로 서로 다른 시간과 공간을 점유할 수 없는 하나라는 점에서 이기불상리이며, 동시에 서로 혼동될 수 없는 둘이라는 점에서 이기불상잡인 것입니다. 따라서 본질인 리는 같으나 기의 맑고 탁함, 수려함과 조잡함에 따라 다양한 차이를 보이며, 인간과 자연의 관계 역시 이를 벗어나지 않는다고 보았습니다. 따라서 성리학의 자연관은 자연을 스스로 객관적이고 독립적이며 물질적인 존재로 보는 것이 아니라, 우주의 법칙인 이기론적 관점에서 조명해야 이해가 가능한 자연인 것입니다. 성리학은 전통 유학의 천인합일사상을 『주역』의 도움을 받아 고차적인 형이상학적으로 정립했습니다. 성리학은 하나의 유기체인 우주의 움직임을 더욱 이론화했으며, 전통 유학의 자연관을 보다 가다듬었다고 볼 수 있습니다. 이러한 유학의 자연관은 명리학에도 전해집니다.

2) 명리학의 자연관

(1) 음양오행론

명리학은 사람의 운명의 이치에 관해 다루는 학문으로, 인간의 운명 역시 자연의 이치를 벗어나지 않는다고 봅니다. 명리학은 해와 달, 그리고 목성, 화성, 토성, 금성, 수성의 오성과 28개의 별자리 등 천체의 운행을 포함한 자연의 질서를 바탕으로 합니다. 그리고 그 질서에 상응하는 인간의 삶을 음양의 형세와 오행의 생극제화(生剋制化)를 통해 설명하려는 음양오행론을 그 바탕으로 합니다. 또한 동아시아문화권에서는 하늘과 땅과 인간이 음양오행의 원리에 의해 다 같이 움직인다는 천지인삼재론이 자리잡고 있었습니다. 그리고 이러한 추상적인 이론을 구체적으로 표현할 수 있는 상징체계인 간지역법이 존재하였습니다. 간지역법은 사람이 태어날 때 부여받는 년·월·일·시의 음양오행의 기를 구체적으로 표현하는 상징체계입니다. 이리하여 명리학은 사주팔자에서 자기 자신을 의미하는 일간(日干)을 중심으로 그 상호 관계를 해석하여 삶의 길흉과 관련된 수명과 빈부, 귀천과 성패 등의 양상을 추론하기 위해 만들어진 예측 체계라고 할 수 있습니다. 그러므로 명리학은 음양오행론, 천지인삼재론, 간지역법을 필수요소로 하고, 인간의 운명이 정해져 있다는 정명론을 바탕으로 성립된 학문입니다. 그중에서도 자연관과 관련이 있는 음양오행론, 천지인삼재론, 간지역법에 대해 알아보고자 합니다.

음양오행론은 명리학을 포함한 동아시아 자연관의 핵심을 이루는 이론으로, 세계의 질서를 두 요소와 다섯 요소로 해석하는 체계입니다. 음양론은 자연계에 스며있는 상대적인 인자들을 대비시킨 이론입니다. 오행론은 동서남북 네 방향의 공간적 구조와 춘하추동 사계절의 주기적 구조를 바탕으로 이론화되었습니다.

음양론은 자연의 관찰을 통해 성립된 이론으로, 낮과 밤, 여름과 겨울, 어둠과 밝음, 남자와 여자 등 관찰이 가능한 자연현상을 근거로 생겨났습니다. 더 나아가 이러한 대립적이면서도 보완적인 두 요소가 모든 자연현상을 관철하고 있음도 확인하게 되었습니다. 따라서 음양론은 귀납적인 방법을 통해 성립된 것입니다. 음(--)과 양(—)의 두 효가 기본구조를 이루고 있는 『주역』은 이러한 음양론적 사유가 집적된 문서라고 할 수 있습니다. 『주역』의 「계사전」은 "역에는 태극이 있고, 태극은 음과 양을 낳는다."고 하였습니다. 자연은 음양의 기로 되어 있으며, 최초의 기는 태극으로 말미암아 생겼다는 것입니다. 이러한 「계사전」의 음양론은 동아시아문화권에서 자연을 이해하는 대전제가 되며 이는 명리학에도 이어집니다. 청나라 시대의 심효첨은 명리서인 『자평진전』에서 "천지간에는 하나의 기가 있을 따름이다. 다만 고요함과 움직임이 있어서 음양으로 나누어지고, 노소가 있으니 사상으로 나누어진다."(『자평진전』, 「논십간십이지」)고 하여 『주역』의 음양론을 이어받고 있습니다.

오행론은 다섯 가지 재료를 의미하는 오재(木-나무, 火-불, 土-흙, 金-쇠, 水-물)로부터 출발했는데, 이처럼 오행론도 최초에는 자연주의적인 개념이었습니다. 그러나 전국시대에 이르러 오행 관념도 점차 신비화되고 추상화되기 시작합니다. 이제 오행은 외형적 형태와 형질을 가리키는 것이 아니라 대기 속의 기가 됩니다. 이러한 무형적인 기를 감각이나 느낌으로 표현하면 이해하기 어렵기 때문에 유형적인 물상으로 비유한 것이라고 할 수 있습니다. 우리가 접하는 봄·여름·가을·겨울은 음양이 사상으로 분화한 좋은 예입니다. 또한 더 큰 범주에서 보면 양의 범주에 포함되는 봄과 여름이 음에 속하는 가을과 겨울로 넘어가도록 중재 역할을 담당하는 계절이 존재함을 알 수 있습니다. 즉 봄과 여름의 양에서, 가을과 겨울의 음으로 넘어가는 전환점이 되는 계절을 포함하여 오행이 성립하게 된 것입니다. 따라서 오행은 목으로 표상되는 봄, 화로 표상되는 여름, 환절기인 토, 가을로 표상되는 금, 겨울로 표상되는 수의 기운을 말하는데, 고대 중국인들은 관찰을 통해 얻은 음양오행론으로 자연을 재해석하였습니다. 이처럼 서로 대응하는 둘과 서로 연관되는 다섯 가지의 기가 작용하는 음양오행론은, 동아시아문화권에서 우주와 자연의 변화를 파악하는 법칙으로 자리 잡게 됩니다. 역사적으로 보면 전국시대 말기인 기원전 4세기경 추연에 의해 추상화된 음양오행론은 이후의 현실사회와 역사발전에 적용됩니다. 음양오행론이 본격적으로 제도권에 유입된 것은 한무제(B.C.141-87)에 의해 유학이 국교로 채택된 이후입니다.

(2) 천지인삼재론

고대 중국인들은 하늘과 땅과 인간이 같은 원리에 의해 움직인다는 천지인삼재론을 지니고 있었습니다. 천지인삼재론은 음양오행론과 더불어 명리학의 자연관을 지탱하는 한 축입니다. 천은 신의 세계인 하늘을, 지는 만물이 살아가는 지상을, 인은 하늘과 지상 사이에 사는 만물의 영장인 사람을 의미합니다. 『주역』의 「서괘전」은 "천지가 있은 후에 만물이 생겨났다.", 「계사전」은 "천은 창조의 시작을 책임지고 지는 만물을 지어서 이룬다."고 하여 만물의 생성이 천지 본연의 속성에서 연유하는 것임을 밝히고 있습니다. 만물의 본체로서의 하늘과 땅, 그리고 사람을 일컬어 세 가지 근원이라는 뜻으로 천지인삼재라고 부릅니다. 이렇게 본체성 내지 근원성을 지닌 삼재가 하나로 조화를 이룰 때 우주의 운행질서가 조화롭게 이루어지고, 인간의 삶이 천인합일적 건전성을 띨 수 있다고 보는 것이 삼재론의 골자입니다. 쉽게 말하면 천지인삼재론은 하늘을 아버지로 보고, 땅을 어머니로 보며, 인간을 포함한 만물을 부모의 사랑으로 태어난 자식으로 봅니다. 이것은 인간을 중심으로 하여 신과 만물의 화합과 통일을 추구하는 적극적인 조화사상입니다.

천지인삼재론을 확립한 유학자는 전한시대의 동중서(董仲舒, B.C.176?-104)입니다. 그는 『춘추번로』에서 "천지인은 만물의 근본이다. 하늘이 만물을 낳고 땅이 만물을 기르며 사람이 만물을 성숙시킨다. 하늘은 효제로써 낳으며 땅은 의식으로써 기르며 사람은 예약으로써 이룬다. 이 셋은 서로 수족이 되어 하나의 몸을 이루니 한가지라 하지 않을 수 없다."(『춘추번로』, 「입원신」), "하늘의 덕은 베푸는 데 있고 땅의 덕은 되어감에 있고 사람의 덕은 의로움에 있다. 그러므로 천기는 위에 지기는 아래에 인기는 그 사이에 존재한다."(『춘추번로』, 「인복천수」)고 하여 천지인삼재론을 확립합니다.

이 논리가 간지역법을 통하여 명리학에도 적용됩니다. 간지역법으로 사주팔자를 구성하는데 하늘은 천간(天干)에 드러나고 땅은 지지(地支)에 드러납니다. 그리고 사람은 지장간(地藏干)에 드러나는데, 이 지장간은 천간과 지지가 조화를 이루는데 기여합니다. 이러한 사상은 명리학의 집대성으로 불리는 청나라 시대의 명리학자 임철초가 지은 『적천수천미』에도 드러나 있는데, 천지인이 각각 천도, 지도, 인도라고 설명하는 장에서 잘 설명되고 있습니다. 즉 임철초는 천지인삼재를 인간의 사주팔자 안에서 하늘이라는 시간의 가능성으로, 땅이라는 공간의 한계성으로, 사람이라는 변화의 선택성으로 설명하고자 한 것입니다. 그리고 천지인삼재에 해당하는 천간과 지지와 지장간은 음양오행과 아주 밀접한 관계를 맺고 있는데, 음양오행의 기의 치우침과 온전함에 따라 사주팔자의 주인인 명주의 운명이 좌우된다고 보았습니다.

(3) 간지역법

명리학이 최초로 성립된 시기는 기원 후 4세기경이며, 11세기 송나라 시대에 이르러 현대에도 통용되는 명리학이 성립되었습니다. 따라서 음양오행론과 천지인삼재론은 한나라 시대의 동중서 이후로 명리학을 포함한 동아시아문화권의 자연 이해라고 할 수 있습니다. 물론 간지역법도 한나라 이후 공식적으로 동아시아문화권에서 햇수와 날짜를 세는 수단으로 자리를 잡았습니다. 그러나 간지역법은 여타 동아시아의 학문과 확연히 구별되는 명리학만의 고유한 정체성 확립에 큰 기여를 했습니다. 따라서 명리학은 음양오행의 학문이라기보다는 간지의 학문이라고 정의내리는 것이 더 정확한 표현입니다.

그렇다면 간지역법은 무엇일까요? 고대 중국인들은 음양오행을 통해 자연의 운행 법칙을 이해했습니다. 그리고 그 음양과 오행을 구체적으로 표현하는 방법으로 천간과 지지를 정하게 되었습니다. 천간과 지지는 음양과 오행으로부터 나왔습니다. 천간의 경우는 목, 화, 토, 금, 수 각각의 오행이 음양으로 나뉘어져 10천간을 구성하게 된 것입니다. 목은 양목인 갑(甲)과 음목인 을(乙), 화는 양화인 병(丙)과 음화인 정(丁), 토는 양토인 무(戊)와 음토인 기(己), 금은 양금인 경(庚)과 음금인 신(辛), 수는 양수인 임(壬)과 음수인 계(癸)로 나눠집니다. 지지는 두 개의 토를 더하여 총 12개가 됩니다. 두 개의 토가 더 첨가되는 이유는 지지를 의미하는 땅이 하늘을 의미하는 천간보다 더 복잡한 양상을 띠기 때문입니다. 지지에는 천간의 갑목에 해당하는 양목인 인(寅), 천간의 을목에 해당하는 음목인 묘(卯), 그리고 환절기를 뜻하는 토인 진(辰)이 따라옵니다. 목 다음에는 천간의 병화에 해당하는 양화인 사(巳), 천간의 정화에 해당하는 음화인 오(午), 그리고 환절기를 뜻하는 토인 미(未)가 따라옵니다. 화 다음에는 천간의 경금에 해당하는 양금인 신(申), 천간의 신금에 해당하는 음금인 유(酉), 그리고 환절기를 뜻하는 토인 술(戌)이 따라옵니다. 금 다음에는 천간의 임수에 해당하는 양수인 해(亥), 천간의 계수에 해당하는 음수인 자(子), 그리고 환절기를 뜻하는 토인 축(丑)이 따라옵니다.

  간지역법은 십간과 십이지의 최소 공배수인 육십갑자로 년·월·일·시를 세는 방법입니다. 간지역법은 갑(甲)·을(乙)·병(丙)·정(丁)·무(戊)·기(己)·경(庚)·신(辛)·임(壬)·계(癸)의 십간과 자(子)·축(丑)·인(寅)·묘(卯)·진(辰)·사(巳)·오(午)·미

(未)·신(申)·유(酉)·술(戌)·해(亥)의 십이지로 구성되어 있습니다.

육십갑자(六十甲子)표

갑자 甲子	을축 乙丑	병인 丙寅	정묘 丁卯	무진 戊辰	기사 己巳	경오 庚午	신미 辛未	임신 壬申	계유 癸酉
갑술 甲戌	을해 乙亥	병자 丙子	정축 丁丑	무인 戊寅	기묘 己卯	경진 庚辰	신사 辛巳	임오 壬午	계미 癸未
갑신 甲申	을유 乙酉	병술 丙戌	정해 丁亥	무자 戊子	기축 己丑	경인 庚寅	신묘 辛卯	임진 壬辰	계사 癸巳
갑오 甲午	을미 乙未	병신 丙申	정유 丁酉	무술 戊戌	기해 己亥	경자 庚子	신축 辛丑	임인 壬寅	계묘 癸卯
갑진 甲辰	을사 乙巳	병오 丙午	정미 丁未	무신 戊申	기유 己酉	경술 庚戌	신해 辛亥	임자 壬子	계축 癸丑
갑인 甲寅	을묘 乙卯	병진 丙辰	정사 丁巳	무오 戊午	기미 己未	경신 庚申	신유 辛酉	임술 壬戌	계해 癸亥

중국에서 최초로 달력이 제작된 것은 은나라 이전부터라고 추정되지만 실체를 확인할 수 있는 가장 오래된 달력은 은나라의 일력인 은력입니다. 갑골문자에 새겨진 은력은 태음태양력으로서 60갑자를 가지고 점복을 행한 날짜를 기록하였습니다. 간지역법은 노나라 은공 3년(B.C. 720) 2월 기사(己巳)일로부터 청나라 선통제 3년(1911)까지 단절 없이 계속 사용된, 세계에서 가장 오래된 기일법으로 평가되고 있습니다.

중국 철학의 존재에 대한 사고는 상(象)을 통하여 진행된다고 볼 수 있습니다. 이런 사유방식은 세계의 본질을 하나의 상으로 봅니다. 상을 구성하는 부호와 문자 체계를 통해 세계의 본질을 규명하고자 합니다. 즉 명리학이 사용하는 육십갑자의 천간과 지지는 각각 하나의 상이고, 그 속에 자연과 사회와 인생의 이치가 포함되어 있습니다. 한 사람이 출생한 년·월·일·시는 명리학의 상인 간지 체계로 보면, 인간과 특정한 시공의 관계를 반영하는 것입니다. 또한 명리학의 상은 특정한 년·월·일·시의 단면에서 음양오행의 기가 있다는 것을 인식합니다. 이 음양오행의 기가 자연계를 상징하고 개인의 인생과 신체를 상징하고 또 가정과 사회를 상징하는 것입니다. 따라서 간지 체계는 시간과 공간 속에서 드러나는 자연의 일부로서의 인간의 모습을 잘 표현하고 있습니다.

3. 기독교와 명리학의 자연관 비교

지금까지 기독교의 자연관과 명리학의 자연관에 대해 살펴보았습니다. 이제 두 자연관의 자연 구성의 주체에 대한 비교를 통해 두 사상의 유사점을 알아보고자 합니다. 기독교와 명리학의 자연 구성의 주체는 무엇일까요? 기독교에서 자연의 창조 주체는 하느님입니다. 하느님의 실체에 관하여 교리적으로 정립된 것은 서기 325년에 열린 니케아 공의회입니다. 니케아 공의회에 따르면 하느님은 한 존재이지만 삼위일체로 활동합니다. 하느님은 성부로서 자신의 모습을 드러내며, 아들 성자 예수 그리스도는 제약된 시간과 공간 속에서 성부 하느님을 계시하는 존재로 드러납니다. 그리고 성령은 세상에서의 하느님의 임재이며 활동으로, 창조에서부터 이스라엘의 역사를 통해서, 특별히 예수에게서, 그리고 하느님의 뜻의 완성을 미리 맛보는 교회 안에서 나타납니다.

그러나 이러한 교리적인 차원 이외에도 동양학적인 관점과 비교할 수 있는 신관은 중세의 영성가였던 마이스터 에크하르트(Meister Eckhart, 1260-

1327)의 것이 있습니다. 에크하르트는 삼위일체로 이해되는 기독교의 신 개념 배후에 신 자신의 본래의 모습인 신성(Godhead)의 존재를 상정하였습니다. 에크하르트에 의하면 신성은 형체를 갖추고 능동적으로 창조활동에 임하는 삼위일체와는 엄연히 다른 존재입니다. 에크하르트는 신성에 대해 다음과 같이 정의를 내립니다.

> 모든 피조물은 하느님을 이야기합니다. 그런데 그들이 신성을 말하지 않는 까닭은 무엇입니까? 신성 안에 있는 것은 모두 하나이고, 그렇기 때문에 거기에서는 어떤 활동을 한다고 말할 수가 없습니다. 신성에는 활동할 것이 없기 때문입니다. 신성은 어떤 활동을 생각한 적이 없습니다. 하느님은 활동적이고 신성은 비활동적이라는 점에서 하느님과 신성은 다릅니다.(『마이스터 에크하르트』)

즉 신성은 절대적이고 비결정적인 존재이며 잠재적 가능성으로서, 형태를 부여할 수 없는 무규정성입니다. 신성은 변하지 않고 움직이지 않으며, 아버지와 아들과 성령의 구별이 아직 나타나지 않은 황야처럼 순수한 절대적 비구별, 절대적 통일성의 존재입니다. 에크하르트에 의하면 신성의 다음 단계에서 세 위격으로 활동하는 존재가 삼위일체 하느님입니다. 이 삼위일체 하느님을 통해 자연의 창조가 이루어지는 것입니다.

창조론은 단순히 하느님이 우주의 기원을 설정했다는 주장을 하는 것이 아니라, 이 세계는 그 존재를 위해 하느님에게 의존하며 하느님은 매 순간마다 우주의 존재를 보존하고 유지시킨다는 주장도 포함합니다. 삼위일체 하느님은 창조주인 성부로서 자신의 모습을 드러내며, 아들 성자 예수 그리스도는 제약된 시간과 공간 속에서 성부 하느님을 계시하는 존재로 등장하고, 성령은 영원한 활동의 주체로서 자신의 모습을 드러냅니다. 이처럼 성부와 성자와 성령은 한 존재이지만 그 역할에 있어서 다릅니다. 인간의 입장에서 보면 가장 가까이 있는 존재가 성령이고 다음이 성자, 그리고 성부라고 할 수 있습니다. 따라서 우리의 가장 근접한 곳에서 지속적인 창조의 역할을 감당하고 인간의 삶에 개입하는 존재가 성령인 것입니다.

구약성서에는 성령이라는 용어가 등장하지 않습니다. 대신 호흡, 바람, 하느님의 영을 의미하는 루아흐가 성령의 의미를 담당합니다. 하느님의 영은 때로는 조용한 숨결로, 때로는 거센 폭풍으로 모든 것에 침투하여 지배하는 바람을 의미합니다. 「창세기」 1장 2절에서 보듯이 루아흐는 태초부터 존재한 실재 혹은 인격으로서 수면 위를 운행하며 창조 사역에 참여한 존재입니다. 이러한 창조의 영은 전피조물 속에 거주하며 그들의 삶을 지속시키는 하느님의 호흡으로 이해되고 있습니다. 성령이라는 용어는 『신약성서』에 이르러 등장했으며, 사도행전에서는 교회 설립의 근거로 작용하여 본격적인 기독교 역사의 시작을 가져옵니다. 또 바울(The Apostle Paul, AD 1세기경)은 성령의 은총이 각 개인마다 다르게 내릴 수 있음을 말하고 있습니다. 즉 삼위의 하나인 성령은 끊임없는 창조 활동으로 자연의 창조 및 교회의 존립 근거가 되며, 개개인의 삶에도 깊숙이 개입하는 존재인 것입니다.

한편 절대무의 신성과 활동적인 삼위일체와의 구분처럼 유사한 구분이 동아시아의 사상에도 등장합니다. 명나라 시대의 만민영에 의해 편찬된 일종의 명리학 백과사전인 『삼명통회』의 원조화지시(原造化之始)편에서는 우주의 발생에 대해 다음과 같이 논하고 있습니다.

> 유형은 무형에서 생겨났다. 천지의 처음에 태역(太易), 태초(太初), 태시(太始), 태소(太素)가 있었다. 태역은 기가 보이지 않고, 태초는 기의 시작이며, 태시는 형의 시작이고, 태소는 질의 시작이다. 기와 형질이 섞여서 분리되지 않는 것을 혼륜(渾淪)이라고 일컫는다.

즉 우주는 혼동의 상태에서 시작하여 태역, 태초, 태시, 태소의 단계로 나아간다는 것입니다. 태역은 아직 기가 나타나지 않은 단계로서 허무하며 동적인 변화가 없는 고요한 자리입니다. 태초는 기의 등장으로 인해 창조가 시작되는 단계입니다. 태시에서 형이 이루어지고, 태소에서 비로소 질이 이루어집니다. 또한 송나라 시대에 출간되어 현대 명리학의 시작을 알린 『연해자평』 역시 논오행소생지시(論五行所生之始)편에서 기의 발생에 대해 논하고 있습니다.

이때 일기(一氣)가 엉기고 서리어 음양이 분리되기 시작하니, 이로부터 태역(아직 기가 발생하지 않은 상태)이 수(水)를 생하고, 태초(기는 있으나 아직 모습이 드러나지 않은 상태)는 화(火)를 생하고, 태시(형태는 있으나 아직 그 이면의 세부 자질은 형성되지 않은 상태)는 목(木)을 생하고, 태소(이면의 질은 있지만 아직 완전한 형태가 만들어지지 않는 상태)는 금(金)을 생하고 태극(형체와 기질이 완전히 드러난 상태)은 토를 생한다.

이처럼 『연해자평』은 오행의 기의 발생 단계를 태역, 태초, 태시, 태소, 태극과 관련지어 상세하게 언급하고 있습니다. 덧붙여 「계사전」은 "태극이 양의를 낳고 양의가 사상을 낳으며 사상이 팔괘를 낳고 팔괘가 길흉을 낳고 길흉이 대업을 이룬다."고 하여 만물의 성립에 대해 논하고 있습니다.

명리학을 포함한 동아시아의 학문에서 기는 '태초'에 발생하는 것으로 추정되는데, 이 기는 음양오행과 천지인삼재론, 그리고 개인 운명의 주체입니다. 기에 의해 우주만물이 움직이고 자연의 변화를 가져오며 각 개인에게 고유한 운명의 길을 열어줍니다. 기독교의 입장에서 보면 기는 성령의 작용과 비견될 수 있습니다. 이처럼 성령과 기가 비교될 수 있는 이유는 둘 다 생명의 원천으로 정신과 영성을 포함하면서도 물질로 구성된 만물의 원천이기 때문입니다. 또한 이 둘은 모든 만물 안에 존재하면서 만물을 이어주는 연결고리이며, 만물을 동료와 동포로 여기는 생태주의적 관점을 내포하고 있는 개념이기 때문입니다. 결론적으로 기를 정의내리자면, 기는 생성과 소멸이 없이 영원불변하고 모이고 흩어지는 존재로서, 실제로 존재하는 모든 것들의 근원임과 동시에 우주만물의 물질운동과 생명활동 및 정신현상을 일으키는 실체이자 원인자입니다. 이처럼 기는 동아시아 문화권에서 자연과 인간을 설명하는데 있어서 매우 중요한 지위를 차지하고 있습니다. 『연해자평』은 "사람이 처하는 길흉화복은 모두 사람이 인위적으로 할 바가 아니고 조물주와 음양의 소치이다."(『연해자평』, 「상해정진론」)라고 하여 인간은 자연과 마찬가지로 음양오행의 기를 받아 태어난 존재로서 그 운명은 음양오행의 틀을 벗어날 수 없다고 보았습니다. 즉 명리학의 입장에서 보면 기는 자연과 인간의 창조는 물론 개개인의 삶에도 깊이 개입하여 운명을 주관하는 존재로 이해됩니다.

이제 기독교와 명리학의 자연 구성의 주체를 비교하면 다음과 같습니다. 에크하르트는 기와 형과 질이 존재하지 않는 절대무의 상태를 신성이라고 불렀습니다. 이것은 명리학에서의 태역과 유사합니다. 기독교에서의 자연의 창조는 삼위일체의 활동으로 인해 가능합니다. 창조는 피조물에 대해 기와 형과 질을 부여하는 것입니다. 명리학에서는 이러한 활동이 태초, 태시, 태소, 태극에서 발생합니다. 기독교에서는 삼위일체를 통한 최초의 창조 후에 계속적인 창조활동을 수행하는 존재를 성령으로 보고 있습니다. 여기에 해당하는 존재가 명리학에서는 기라고 할 수 있습니다. 물론 기가 성령과 동일시될 수는 없습니다. 그러나 필자는 자연 구성의 주체를 이해하는

데 있어서 두 사상의 유비적 접근은 가능하다고 봅니다. 이것을 도표로 나타내면 다음과 같습니다.

기독교와 명리학의 자연 구성의 주체 비교

기독교	명리학
신성(神性)	태역(太易)
삼위일체(三位一體)	태초(太初), 태시(太始), 태소(太素), 태극(太極)
성령(聖靈)	기(氣)

지금도 여전히 자연을 기계론적 관점에서 바라보는 입장이 득세하고 있지만, 인류는 20세기 후반부터 환경문제를 통해 자연과 인간이 아주 긴밀하게 유기체적 관련을 맺고 있는 존재임을 인식하기 시작했습니다. 따라서 현재의 기독교는 자연과 인간의 연속성을 강조하는 생태학적 자연관을 강조합니다. 한편 이러한 유기체적, 생태학적 자연 이해는 동양 사상의 본질에 속하는 것입니다. 왜냐하면 동양학의 바탕인 『주역』의 '살리고 살리는 것이 역'이라는 생생지위역(生生之謂易) 사상은 오랜 세월동안 동아시아 문화권 자연관의 근거가 되어 왔기 때문입니다.

명리학이야말로 어떠한 동양학보다도 자연과 자연의 일부로서의 인간 이해에 대해 구체적이고 치밀한 증거를 제시할 수 있는 학문입니다. 인간 역시 또 하나의 자연이라는 사고는 명리학의 저변에 강력하게 흐르는 사상이기 때문입니다. 명리학은 기독교에서 말하는 흙으로서의 인간 이해에 대해 가장 명확한 인식을 제공합니다. 그러나 그러한 사실을 깨닫고 있는 사람은 매우 드뭅니다. 이러한 상황 속에서 명리학의 관점으로 자연을 바라보는 것은 서구사상 일변도의 자연 이해가 여전한 작금의 상황에 대해 새로운 관점을 제공하리라 생각됩니다.

2장 기독교와 명리학의 인간관 비교

기독교가 하느님으로부터 시작하는 하향적(top-down) 존재로서의 인간 이해를 지니고 있다면, 유학과 명리학은 땅에서부터 하늘로 나아가는 상향적(bottom-up) 인간 이해를 지니고 있다는 점이 큰 특징이라고 할 수 있습니다.

인간관이란 사람을 보는 견해나 입장으로서 인간의 본질이나 특성에 대하여 파악하는 관점을 의미합니다. 기독교 인간관이란 기독교의 입장에서 이해하는 인간의 본질을 말합니다. 기독교는 인간을 하느님에 의해 창조된 피조물로 정의합니다. 인간은 다른 자연물처럼 무로부터 창조되었는데, 이것은 인간이 언제든지 다시 무로 환원될 수 있다는 유한성을 의미합니다. 반면 인간은 창조될 때 하느님의 형상을 부여받았는데, 이것은 인간이 자신의 유한성을 초월하는 존재가 될 수 있음을 의미합니다. 즉 인간은 현세를 넘어서서 내세적 삶의 가능성이 열려 있는 존재인 것입니다. 인간은 창조된 존재로서 유한성과 초월성을 담보하고 있습니다.

더불어 인간은 하느님의 명령을 어김으로써 죄를 지어 타락한 존재라고 기독교는 말하고 있습니다. 죄는 인간이 자신의 존재 기반인 하느님과의 관계 상실을 의미합니다. 하느님과의 관계를 상실한 인간은 스스로 하느님이 되는 길을 선택합니다. 그래서 인간은 근본적으로 하느님이 될 수 없는 자기 자신이나 자신의 욕망을 하느님처럼 여기게 됩니다. 따라서 인간의 죄는 스스로 하느님이 되고자 하는 교만이나 하느님이 될 수 없는 것을 하느님으로 여기는 탐욕으로 드러납니다. 인간은 죄로 인해 타락한 교만과 탐욕의 존재입니다.

마지막으로 인간은 회복하는 존재입니다. 자신의 존재 근원을 박차고 나온 인간은 하느님 없이 자신을 정립시키려는 시도가 성공할 수 없음을 깨닫게 됩니다. 따라서 인간은 존재의 근원인 하느님과의 관계를 회복하려는 방향 전환을 시도하게 됩니다. 기독교에서는 이러한 행위를 회개라고 부르며, 이 회개는 일회성 사건이 아니라 전 생애를 통해 반복됩니다. 그리고 기독교는 이것이 바로 참 기독교인이 되는 과정이라고 말하고 있습니다.

한편 유학에서는 인간의 기원에 대한 이야기가 없습니다. 인간은 하늘로부터 성품을 부여받고 땅으로부터 육신을 부여받아 이 두 가지가 결합된 존재라고 봅니다. 그리고 성품이 항상 육신을 다스리는 입장에 서야 한다는 것이 인간에 관한 유학의 기본 관점입니다. 인간 이해에 있어서 유학의 가장 근본적인 시각은 바로 자연주의적 관점입니다. 유학은 기독교와 달리 인간에게 삶의 뚜렷한 목적이 있음을 말하지 않습니다. 다만 작은 묘목이 자라서 커다란 그늘을 드리우는 거목이 되듯이, 인간 역시 태어남과 동시에 사회 및 자연과의 상호작용, 그리고 배움과 노력을 통해 점진적으로 성숙되어가는 존재로 봅니다.

이에 인간의 본성을 인(仁)으로 보고 인을 추구하는 것을 최고의 가치로 여겼던 공자, 인간의 참다운 본성을 인(仁)·의(義)·예(禮)·지(智)의 사단으로 보고 사단의 계발을 통해 감각적 욕구의 제어를 말한 맹자, 인간을 본성이 악한 존재로 파악하고 예를 통해 다스려야 한다고 주장했던 순자 등 각각의 입장은 다르지만 모두 다 교육과 계몽을 통해 인간을 변화시켜야 한다는 점에서 동일한 입장을 지니고 있습니다. 전한시대의 동중서는 이전부터 내려오던 유학적 인간관을 정립했습니다. 동중서는 우주가 하늘, 땅, 사람의 삼요소로 구성되어 있다고 보았습니다. 그는 인간이 만물의 영장으로서 육체적으로는 땅의 형상을, 정신적으로는 하늘의 품성을 이어받은 중간자적 소우주라고 보았습니다. 이와 더불어 동중서는 기존의 유학에 음양오행사상을 받아들여 유학이 중국의 국교로 자리 잡는데 크게 기여했으며, 후대의 명리학적 인간관의 바탕을 이루는 근거를 제공하기도 하였습니다.

이제 명리학의 인간관에 대해 알아보도록 하겠습니다. 첫째, 명리학은 인간운명의 규칙과 자연의 규칙이 일치한다고 봅니다. 명리학은 인간의 운명을 이해하려면 인간이 속해 있는 자연계의 음양과 오행의 상생상극작용을 이해해야 한다고 봅니다. 또한 명리학은 현세적인 존재로서의 인간이 재앙을 피하고 복을 얻기 위해 생겨난 피흉추길의 학문입니다. 따라서 명리학은 현세적이고 기복적인 성향을 띠며, 그 초점이 전생도 내세도 아닌 현세에서 일어나는 인간의 길흉화복에 집중합니다. 자연적이고 현세적인 존재로서의 인간, 이것이 명리학적 인간 이해의 기초입니다. 둘째, 명리학은 인간을 운명적 존재로 보고 음양오행을 통해 인간의 운명을 밝힐 수 있다고 봅니다. 사람은 저마다 탄생의 시기가 각각 다르게 때문에 서로 다른 인생역정이 펼쳐지는 것이며 또 걸어가는 운의 행로도 다르다는 것입니다. 이처럼 인간은 출생과 동시에 음양오행의 기운을 부여받아 부귀빈천과 수요장단이 이미 정해지며, 이를 바꿀 수 없는 운명적 존재라는 것이 명리학적 인간관의 특징입니다. 셋째, 명리학은 인간을 가능성의 존재로 파악합니다. 인간에게는 일정한 운명의 한계가 주어지지만 그 운명을 쟁취하기 위해 노력하지 않는다면 성공이 저절로 이루어지지 않는다는 것입니다. 일정한 성취의 가능성이 각 개인의 운명 안에 주어진다 하더라도 그것은 여전히 가능성으로 남아 있을 뿐, 노력하지 않으면 현실의 몫으로 할당되지 않습니다. 반대의 경우도 마찬가지입니다. 운명적으로 다가오는 불행에 대비하여 마음을 단단히 먹고 충격을 최소한으로 줄이면서 받아들이는 것은 명리학의 순기능입니다. 즉 유도에서 메치기를 당해 갑자기 넘어지게 되는 경우에 위험을 최소화하고 몸을 안전하게 유지하는 방법을 낙법이라고 하듯이, 명리학을 통한 미래의 불행에 대한 대비는 우리 삶에서 낙법과 같은 역할을 합니다. 따라서 명리학은 일기예보와 유사합니다. 내일 비가 오는데 우산을 준비하지 않아서 그 비를 그대로 맞기보다는 대비하는 것이 좋다는 뜻입니다.

1. 기독교의 인간관

1) 창조에 따른 피조성

기독교의 인간관을 이해하기 위해서는 먼저 성서에서 말하는 인간에 대해 살펴보아야 합니다. 인간의 특징에 관한 언급은 『신약성서』와 『구약성서』 전반에 걸쳐 나타나지만, 무엇보다도 인간에 대한 창조설화가 실린 「창세기」에 잘 드러나 있습니다. 「창세기」 1장 26-28절은,

> 하느님께서는 "우리 모습을 닮은 사람을 만들자. 그래서 바다와 고기와 공중의 새, 또 집짐승과 모든 들짐승과 땅 위를 기어 다니는 모든 길짐승을 다스리게 하자." 하시고, 당신의 모습대로 사람을 지어내셨다. 하느님의 모습대로 사람을 지어내시되 남자와 여자로 지어내시고 하느님께서는 그들에게 복을 내려주시며 말씀하셨다. "자식을 낳고 번성하여 온 땅에 퍼져서 땅을 정복하여라. 바다의 고기와 공중의 새와 땅위를 돌아다니는 모든 짐승을 부려라."(창세 1:26-28)

고 하여 인간이 무로부터 하느님의 형상을 따라 창조된 피조물이며, 하느님을 대신하여 세상의 만물을 다스리는 존재로 묘사합니다. 그렇다면 인간이 무로부터 하느님의 형상을 따라 창조되었다는 피조성은 어떤 의미일까요? 피조성이란 인간을 포함한 삼라만상이, 그 존재를 있게 한 원인과 주도권이 스스로에게 없음을 의미합니다. 따라서 창조신앙은 피조물로 하여금 창조주를 주(主)라고 부릅니다. 또한 「창세기」 2장 7절에서는 "야훼 하느님께서 진흙으로 사람을 빚어 만드시고 코에 입김을 불어넣으시니, 사람이 되어 숨을 쉬었다."고 하여 인간의 피조성이 어떤 방식으로 구성되어 있는지를 구체적으로 묘사하고 있습니다. 먼저 인간이 진흙이라는 물질로 만들어진 존재라는 것은 인간이 다른 피조물과 별반 차이가 없다는 것을 의미합니다. 즉 인간은 자연적인 존재로서 자연법칙의 지배를 받는 존재인 것입니다. 그러나 인간은 하느님이 코에 입김을 불어넣어 숨을 쉬게 된 존재로서, 다른 피조물과는 달리 하느님의 형상을 가진 존재입니다. 보편적인 측면에서 인간은 다른 자연물과 같은 피조물이지만, 동시에 하느님으로부터 숨을 부여받은 특수한 존재입니다. 따라서 흙으로 만들어졌다는 보편성과 하느님이 입김을 불어넣은 존재라는 특수성이 통합되어 인간만의 독자적인 개별성이 구성된 것입니다.

　이제 부연설명을 해보겠습니다. 인간이 무로부터 창조되었다는 것은 이전에 없던 존재가 갑자기 어느 시간과 공간 속에 문득 모습을 드러낸 것을 의미합니다. 이처럼 우연히 있게 된 존재는 언젠가 사라질 수밖에 없습니다. 말하자면 창조를 통해 있게 된 있음이 어떠한 경우에도 없음을 없앨 수 없다는 것, 즉 무로부터의 창조는 인간은 결국 있다가 없어질 존재이고 없음으로 돌아가는 운명을 지니고 있음을 말합니다. 우리는 이것을 유한성이라고 부릅니다. 이처럼 인간의 피조성이란 곧 유한성을 뜻합니다. 그러나 인간이 하느님의 형상을 따라 창조되었다는 것은 인간의 피조성이 단지 유한성에 머무르지 않고 이것을 넘어선다는 것을 내포합니다. 인간은 하느님이 불어 넣은 숨으로 인해 하느님의 형상을 지닌 존재가 되고, 영원한 하느님께 참여할 수 있는 존재가 됩니다. 따라서 인간은 비존재의 유산인 유한성과 함께 존재의 유산인 초월성도 지니고 있는 것입니다. 즉 무로부터의 창조는 인간의 유한성과 연결되고, 하느님의 형상에 따른 창조는 인간의 초월성과 연결됩니다. 이처럼 인간은 무로부터의 창조로 인해 유한성을 담보한 존재이지만, 동시에 하느님의 숨과 형상을 부여받음으로써 유한성을 극복할 수 있는 초월적 존재라는 것이 인간의 피조성입니다.

그렇다면 하느님의 형상이란 무엇을 의미하는 걸까요?『구약성서』의 루아흐와『신약성서』의 프네우마로 표기되는 하느님의 형상이란 하느님을 지향하고 열망하는 성정이 하느님의 창조 의지를 통해 인간에게 본유적으로 부여되었음을 의미합니다. 이러한 성정은 인간의 원초적 종교성으로도 이해될 수 있으며 후에 영혼이나 정신으로 풀이되었습니다. 즉 하느님의 형상이란 인간의 정신적 능력 안에 있는 고도의 자기 초월성이며 창조사건에서 볼 때 이미 주어진 것이고, 동시에 이루어가야 할 것으로 정의할 수 있습니다. 이처럼 인간의 피조성은 유한성과 초월성의 결합으로 이루어져 있습니다. 즉 하느님의 형상을 닮은 인간의 피조성은 다른 피조물과는 달리 초월성을 담보한 피조성인 것입니다. 이 초월성은 중세의 영성가인 에크하르트에 의하면 지성입니다. 그는 "나는 신이 존재하기 때문이 아니라 오히려 인식하기 때문에 존재한다는 것이 나의 의견임을 선언한다. 신은 지성이고 앎이며, 지성 그 자체가 그의 존재 근거"라고 말하고 있습니다. 마지막 장인 기독교의 예정론과 명리학 운명론을 비교하는 장에서 다시 언급하겠지만, 물질로 대변되는 인간의 유한성은 하느님의 위임에 따라 일반 섭리에 맡겨진 존재이며, 하느님의 형상을 의미하는 초월성은 창조주와의 직접적인 관계가 가능한 특별 섭리에 속하는 영역임을 미리 밝혀두는 바입니다.

2) 타락에 따른 죄성

교파에 따라 다르겠지만 목회자를 포함한 기독교인들이 자주 하는 말 중의 하나가 '인간은 죄인'이라는 명제입니다. 따라서 인간이 죄인이라는 명제는 인간의 피조성과 더불어 기독교 인간관의 핵심을 이루고 있습니다.

그렇다면 기독교에서 말하는 죄란 무엇일까요? 「창세기」에서는 죄의 시작이 타락에서 기인한다고 봅니다. 즉 인간의 타락이 기독교에서 말하는 죄성의 기원이자 그 삶의 시작입니다. 따라서 죄를 논하기에 앞서 성서에서 말하는 타락에 대해 살펴보고자 합니다. 인간의 타락이란 「창세기」에 의하면 뱀으로 상징되는 교활한 지혜를 갖춘 유혹이, 아담의 갈비뼈를 취해 창조된 하와의 유한성이 갖는 불안을 집요하게 파고든 사건입니다. 이제 인간은 하느님의 명령을 어김으로써 죄를 짓게 되었고 자신의 존재 기반인 하느님을 배반하게 되었습니다. 즉 인간은 하느님이 주신 자유의지를 남용하여 선보다 악을 택하였으며 그리하여 하느님과의 관계를 끊어버린 것입니다.

그렇다면 타락이 불러온 인간의 죄는 어떻게 정의해야 할 수 있을까요? 폴 리쾨르는 그의 저서 『악의 상징』에서 "죄의 상징은 기본적으로 관계의 상실, 뿌리 또는 존재론적 기반의 상실을 가리킨다."고 정의합니다. 즉 하느님의 뜻을 거역하면서 인간의 뜻을 주장한 결과로, 하느님으로부터의 소외가 죄의 본질인 것입니다. 하느님이 곧 존재이자 생성이자 작용인 기독교 교리에서 죄가 하느님으로부터 돌아서는 것, 곧 끊어진 관계를 상징한다면 그것이 의미하는 바는 곧 무화이자 무작용화를 말하며 이는 곧 죽음을 의미할 수밖에 없습니다.

그래서 사도 바울은 "죄의 대가는 죽음이지만 하느님께서 거저 주시는 선물은 우리 주 그리스도 예수와 함께 사는 영원한 생명"(로마 6:23)이라고 한 것입니다. 물론 여기서 죽음은 육체적 죽음이라기보다는 존재 자체인 신을 떠나버린 존재론적 죽음을 뜻합니다. 이처럼 기독교에서 말하는 죄는 종교적 차원의 죄로서, 인간의 전인적 본성에 관한 판단을 의미합니다. 이런 이유로 종교적 죄는 단순한 죄라기보다는 죄성(sinfulness)으로 표기하는 것이 타당합니다. 종교적 죄성이란 단도직입적으로 말한다면 "인간은 스스로를 구원할 수 없다. 왜냐하면 인간은 그 존재에서 자신이 결코 주(lord)가 아니기 때문이다.", 그러니 이제 "주제를 파악하라."는 계기인 것입니다.

결국 「창세기」의 이야기는 모든 사람들이 죄를 짓기 쉽다는, 즉 우리의 본성에는 숙명적인 결함이 있다는 사실을 말하고 있는 것입니다. 따라서 이러한 죄는 도덕적인 것이 아니며 주관적인 것으로 환원할 수도 없는 것이기에 개인적인 차원에서 해결되지 않습니다. 이처럼 존재론적 죄는 개별적인 것이 아니라 보편적인 것입니다. 이러한 죄의 보편성, 즉 존재상실이라는 인간의 실존적 상황을 어거스틴은 원죄라고 불렀습니다. 그렇다고 해서 이 원죄에 관한 교리는 우리 인간이 아주 완전히 타락한 존재, 즉 선한 일은 아무것도 할 수 없는 존재를 의미하는 것은 아닙니다. 이 원죄는 우리 인간이 하는 일은 무엇이나 하느님의 기준에서 볼 때 완벽할 수 없다는 의미를 함축하고 있는 것입니다.

하느님처럼 되고 싶다는 욕망으로 자신의 존재 기반인 하느님을 박차고 나온 인간이 의존해야 할 대상은 바로 자기 자신입니다. 이처럼 자기 자신을 자기 존재의 근거로 구축하려는 행위를 어거스틴은 자만(hybris)이라고 하였습니다. 이처럼 자만은 인간의 원죄를 구성하는 한축이라고 할 수 있습니다. 그리고 자만은 필연적으로 콘큐피스켄치아(concupiscentia), 즉 한없는 욕망을 향하게 됩니다. 어거스틴은 콘큐피스켄치아를 두 가지로 이해하는데 하나는 넓은 의미로서 끊임없이 변하는 것, 때문에 아무 값어치도 없는 무상한 것을 향한 경향성 즉 현세욕을 의미하며, 좁은 의미로는 성적 욕망입니다. 인간은 성행위를 통해 창조주를 바라보는 대신 피조 세계에 몰입하기 때문에 성적 욕망은 현세욕에 대한 확실한 상징이라는 것입니다. 따라서 죄성으로 인한 자기 상실 중에서 자기격상에 해당하는 자만과 자기비하로 간주되는 콘큐피스켄치아는 사실상 동전의 앞뒤와 같은 관계를 지닌다고 하겠습니다.

3) 구원을 통한 회복

부여받은 자유를 사용하여 하느님의 품을 박차고 나온 인간은 스스로가 자신의 삶을 꾸려가는 인간의 길을 선택합니다. 이제 인간은 낙원에서 추방되어 평생 동안 노동과 고통, 그리고 죽음과 함께 살아갈 운명으로 내동댕이쳐집니다. 이처럼 인간 스스로가 자신의 존재 근원이 되고자 하는 기도는 순탄치 않았습니다. 이러한 인간의 기도가 성공할 수 없는 이유는 인간은 태생 자체가 피조물이여서 창조주의 손아귀를 벗어날 수 없는 존재이기 때문입니다. 인간이 하느님을 벗어나려고 발버둥을 치면 칠수록 오히려 하느님의 손바닥에서 놀아나게 되는 얄궂은 존재임을 깨닫게 되는 데는 오랜 시간이 걸리지 않았습니다. 왜냐하면 그런 발버둥이 인간에게 남긴 것이란 자만과 욕망으로 얼룩져서 종국에는 연기처럼 사라지는 삶 밖에 없기 때문입니다. 한편 칼빈은 인간이 타락으로 인해 하느님의 형상을 잃은 존재가 되었지만 그나마 인간의 이성은 타락의 현장에서 살아남은 하느님의 형상으로 큰 유산 가운데 하나라고 하면서, 인간의 이성이 의지에 비하여 덜 손상을 입었다는 견해를 내놓기도 합니다.

그렇다면 기독교에서 말하는 인간의 회복은 어떻게 이루어질까요? 그것은 하느님의 구원을 통해서 이루어집니다. 구원이란 원래 있던 자리로 돌아감, 존재 자체의 회복입니다. 즉 구원이란 존재 자체인 하느님과의 관련성을 상실한 후 길을 잃고 불행에 빠진 인간을 다시 원래의 상태로 돌려놓는 것을 의미합니다. 그리고 회복은 회개를 통하여 이루어집니다. 회개는 가던 길을 돌이키는 방향 전환을 의미합니다. 회개는 하느님과 그분의 뜻에서 벗어나 살던 사람이 자신의 죄를 뉘우치고 하느님께 돌아가는 행위이며, 자신의 생명을 하느님께 내맡기고 하느님께 돌아가는 근본적 결단이요 엄숙한 선택 행위입니다. 회개는 자신의 피조성을 인정하고 죄성을 끊고 존재의 근원인 하느님으로 돌아가기 위한 자각이자 행위를 의미합니다.

이러한 회개에는 「루가복음」에 나오는 돌아온 탕자의 비유(15:11-32)에서 보듯이 하느님께 직접 다가섬으로써 이루는 방법이 있고, 또 다른 하나는 하느님이 사람이 되어 메시아로 오신 예수 그리스도를 믿음으로써 성령의 역사가 우리 안에 일어나도록 하는 방법이 있습니다. 물론 전자의 방법에도 성령의 역사가 일어남을 전제로 합니다. 회개를 통한 하느님 형상의 회복을 예수는 「요한복음」에서

> "나는 포도나무요 너희는 가지다. 누구든지 나에게서 떠나지 않고 내가 그와 함께 있으면 그는 많은 열매를 맺는다. 나를 떠나서는 너희가 아무것도 할 수 없다. 나를 떠난 사람은 잘려나간 가지처럼 밖에 버려져 말라버린다. 그러면 사람들이 이런 가지를 모아다가 불에 던져 태워버린다."(요한 15:5-6)

라고 했듯이 포도나무와 그 가지의 비유를 들어 설명했으며, 사도 바울은 「갈라디아서」 2장 20절에서 "이제는 내가 사는 것이 아니라 그리스도가 내 안에 사시는 것입니다. 지금 내가 살고 있는 것은 나를 사랑하시고 또 나를 위해서 당신의 몸을 내어주신 하느님의 아들을 믿는 믿음으로 사는" 상태로 회복되는 것이라고 하였습니다.

이처럼 인간을 원래의 상태로 회복시켜주는 구원의 주체는 인간이 아니라 하느님입니다. 그리고 참된 회개에는 죄를 미워하는 마음과 죄에서 떠나는 생활의 변화가 포함되어 있어야 합니다. 그렇지 않다면 그것은 진정한 회개가 아닙니다. 그리고 회개는 단 한 번의 행위로 끝나는 것이 아니라 우리의 일생을 두고 끊임없이 반복되어야 할 과정입니다. 왜냐하면 인간은

불완전하고 유한한 존재이기 때문입니다. 그래서 인간의 내면에는 회개 이전의 자기와 회개 이후의 자기가 끊임없이 대립되는 현상이 나타납니다. 사도 바울은 이러한 인간의 내면 투쟁을 「로마서」 5장 21-25절에서 "나는 내 마음속으로는 하느님의 율법을 반기지만 내 몸속에는 내 이성의 법과 대결하여 싸우고 있는 다른 법이 있다는 것을 알고 있습니다. 그 법이 나를 사로잡아 내 몸속에 있는 죄의 법의 종이 되게 합니다. 나는 과연 비참한 인간입니다. 누가 이 죽음의 육체에서 나를 구해 줄 것입니까? 고맙게도 하느님께서 우리 주 예수 그리스도를 통하여 우리를 구해 주십니다. 나는 과연 이성으로는 하느님의 법을 따르지만 육체로는 죄의 법을 따르는 인간입니다."라고 고백하고 있습니다. 따라서 사도 바울은 이러한 인간의 실존을 「필립비서」에서 아직 완전하지 않으면서 그 완전을 향해 끊임없이 달려가는 존재로 묘사하고 있습니다.

나는 이 희망을 이미 이루었다는 것도 아니고 또 이미 완전한 사람이 되었다는 것도 아닙니다. 다만 나는 그것을 붙들려고 달음질칠 뿐입니다. 그리스도 예수께서 나를 붙드신 목적이 바로 이것입니다. 형제 여러분, 나는 그것을 이미 붙들었다고 생각하지 않습니다. 다만 나는 내 뒤에 있는 것을 잊고 앞에 있는 것만 바라보면서 목표를 향하여 달려갈 뿐입니다. 하느님께서는 그리스도 예수를 통하여 나를 부르셔서 높은 곳에 살게 하십니다. 그것이 나의 목표이며 내가 바라는 상입니다. 그러므로 믿음이 성숙한 사람은 모두 이와 같은 마음가짐으로 살아가야 합니다. 만일 여러분이 어떤 문제에 관해서 다른 생각을 품었더라도 하느님께서는 그것까지도 분명히 가르쳐주실 것입니다. 어쨌든 우리가 이미 이룬 것을 바탕으로 해서 다 같이 앞으로 나아갑시다.(필립 3:12-16)

또한 마틴 루터는 이 본문을 해석하면서 "기독교인은 다 된 존재가 아니라 되어가고 있는 존재이다. 그런 의미에서 기독교인은 기독교인이 아니다."라는 역설적인 표현을 사용하기도 했습니다. 그런데 여기서 한 가지 궁금한 것은 혹시 하느님은 당신이 구원하시기로 작정한, 즉 인간의 입장에서 보면 구원이 예정된 사람들에게만 회개의 마음을 불러일으키는 것은 아닐까요? 바로 이 지점에서 기독교 예정론의 문제가 등장하게 됩니다.

2. 유학과 명리학의 인간관

1) 유학의 인간관

인간을 피조물로 본 기독교와는 달리 유학에는 인간의 기원에 대한 설명이 없습니다. 유학은 인간을 하늘과의 관계를 통해 이해합니다. 유학에 따르면 인간은 하늘을 통해 자신의 역량과 한계를 이해하고 그것을 바탕으로 자연과의 조화를 꾀하며 대동사회를 건설해가는 창조적인 존재입니다. 따라서 유학의 인간관을 이해하기 위해서는 유학에서 말하는 하늘에 대한 이해가 선행되어야 합니다.

하늘이라는 개념은 주로 주나라 이후에 쓰였던 것으로 그 이전에는 상제·제·황천상제·황천·정천 등으로 쓰였습니다. 공자는 "하늘이 정해준 운수가 그대의 몸에 있으니 진정으로 중용을 지키도록 하여라. 사해가 곤궁해지면 하늘의 복록이 영원히 끊어질 것이다."(『논어』, 「요왈」)라고 하여 하늘을 의지를 가진 상제, 하늘의 주재자 또는 인간에게 덕을 부여하는 존재 원리로 이해하고 있습니다. 공자는 『주역』의 「단전」에서 "크도다! 하늘의 원이여,

만물이 바탕으로 삼아 비롯하니 이에 하늘을 통솔한다. 구름이 행하며 비를 베풀어 만물이 형상을 이룬다."고 하여 하늘의 법칙과 질서를 쫓아 우주가 움직이고 있음을 말합니다. 이처럼 하늘로부터 생명을 부여받은 인간은 하늘이 부여한 법칙이나 질서에 따라 삶을 영위한다고 믿었습니다.

공자는 이것을 인(仁)이라는 실천원리로 제시하고 있습니다. 공자에게 있어서 인간의 본성은 인입니다. 인을 '사랑' 또는 '사람다움'으로 사용한 것은 공자로부터 비롯됩니다. 공자의 인이 사람다움이라면 예(禮)는 인을 실천하는 수단입니다. 공자는 "예가 아니면 보지도 말고 듣지도 말하지도 행동하지도 말라."(『논어』, 「안연」)고 하여 인은 예라는 형식을 통해 드러난다고 했습니다. 인이 예라는 형식을 통해 부모에게 드러나면 효(孝)가 되고, 형제에게 미치면 우(友)가 되며, 타인의 부모에게 표현되면 제(悌)가 되고, 사회로 파급되면 충서(忠恕)가 됩니다. 충은 "내가 서고자 하거든 남도 세워주고, 내가 이루고자 하거든 남도 이루도록 해 준다."(『논어』, 「옹야」)는 것이고, 서는 "내가 하고자 하지 않는 바는 남에게 하지 않는 것"(『논어』, 「안연」)입니다. 이것은 『신약성서』의 「마태오복음」 7장 12절에 나오는 "너희는 남에게서 바라는 대로 남에게 해 주어라. 이것이 율법과 예언서의 정신"이라는 황금률과도 유사합니다.

공자의 인간 이해는 하늘로 대표되는 자연주의적 인간 이해에 그 토대를 두고 있습니다. 자연주의적 관점은 인간은 자연과 연결되어 있으며 상호작용을 하는 관계를 의미합니다. 인간은 자연을 변화시키고 자연은 인간을 변화시키는 상호적 관계이며, 개인과 사회의 관계 또한 마찬가지입니다. 인간은 미완의 가능적 존재로 태어나 환경과의 유기적 상호과정을 거쳐 성장하고 발전합니다. 인간의 존엄과 완성은 선천적으로 주어지는 것이 아니라 학습과 노력으로 성취된다는 것이 공자 인간관의 핵심입니다.

공자의 인 사상을 계승한 맹자는 인간을 인·의·예·지의 본질적 욕구와 감관의 욕구를 지닌 존재로 보고 있습니다. 맹자는 인간이 감관의 요구를 지닌 점에서 동물과 유사하다고 봅니다. 그러나 맹자는 인간이 동물과는 구분되는 인간만의 특징이 있음을 주장합니다. 이것이 바로 인간을 인간이라고 할 수 있는 근거이며 인간의 참다운 본성인 것입니다. 맹자에 의하면 인간의 참다운 본성은 인·의·예·지입니다. 그러나 인·의·예·지는 인간심리의 깊숙한 내면에 숨어있고, 인·의·예·지를 나타내주는 단서가 측은지심·수오지심·사양지심·시비지심입니다. 측은한 마음이 없으면 사람이 아닙니다. 측은한 마음은 인을 드러내 주는 단서입니다. 악을 미워하는 마음이 없으면 사람이 아닙니다. 악을 미워하는 마음은 의를 드러내 주는 단서입니다. 사양하는 마음이 없으면 사람이 아닙니다. 스스로 겸손하고 타인을 공경하는 마음, 이것이 예를 드러내 주는 단서입니다. 또한 시비를 가리는 마음이 없으면 사람이 아닙니다. 인간에게는 옳고 그름을 판단하는 마음이 있습니다. 그래서 이 네 가지가 바로 인·의·예·지의 단서가 되는 것입니다. 맹자는 "그 마음을 다하는 자는 본성을 알게 되고 본성을 알게 되면 하늘을 알게 된다."(『맹자』, 「진심장구」)고 하여 공자와 마찬가지로 진실한 인간의 본성과 하늘의 본질이 다르지 않다고 말합니다. 맹자는 하늘과 인간의 본성이 서로 긴밀하게 연결되어 있으며, 따라서 각 개인의 차이보다는 보편적인 인간 본성에 주목하여 성선설을 주장합니다.

> 성(性)은 사람이 하늘로부터 받고 태어난 이치로, 사람 안에 가득 찬 지극한 선으로 일찍이 악함이 없었다. 그렇기 때문에 사람은 처음에는 요순과 조금의 차이도 없었으나, 다만 대중은 사욕에 빠져 그것을 잃었고, 요순은 사욕의 폐단이 없어 그 성품을 확충했을 뿐이다. 그렇기 때문에 맹자는 세자와 말할 적마다 매번 성선을 말했고 반드시 요순을 일컬어 실증했던 것이다. 인의는 외부에서 빌려 구할 수 없음을 알게 했고 성인은 배워 이를 수 있는 것이니, 힘을 씀에 게을리 하지 않도록 하신 것이다.(『맹자』, 「승문공장구상」)

한편 순자에 의하면 하늘은 객관적인 자연계 자체입니다. 그리고 인간을 포함한 천지 만물은 실재하는 물질이며, 각종 사물은 모두 물질세계의 일부분입니다. 따라서 순자는 하늘의 일정한 법칙에 맞추어 사람이 근본에 힘쓰고 쓰임을 절약하며 때에 맞게 행동하면, 하늘은 사람을 가난하게 하거나 병들게 할 수 없다고 봅니다. 순자는 하늘의 인격성을 부인하고 있다는 점에서 공자, 맹자와는 다른 천인관계론을 지니고 있습니다. 이것이 순자의 천인상분(天人相分) 사상인데 순자는 천과 인의 구분에 밝은 사람을 지인(至人)이라고 불렀습니다. 따라서 순자가 지향하는 인간상은 하늘의 역할과 인간의 역할을 잘 구분하는 지인이며, 지인에 도달하기 위해서는 인간의 능력을 함양하고 키우는 것이 중요합니다. 순자의 이러한 관점을 모든 사물에 확대시켜 적용합니다.

> 하늘을 위대하게 생각하는 것보다는 물(物)을 축적하면서 제어하는 것이 낫고 하늘을 따르면서 칭송하는 것보다는 천명을 제어해서 쓰는 것이 낫다. 사시를 바라보고 그것을 기다리는 것보다는 사시에 적극적으로 응해서 그것을 이용하는 것이 더 낫다. 물(物)을 그대로 두고 그것이 많아지기를 바라는 것보다는 능력을 다해 그것을 변화시키는 것이 더 낫다.(『순자』, 「천론」)

이러한 순자의 사상을 능참(能參)이라고 하는데, 현대적인 용어로 풀어 쓴다면 능동적 참여로 해석할 수 있습니다. 순자는 "하늘에는 때가 있고 땅에는 재물이 있으며 사람은 그것을 다스릴 수 있는 능력을 지니고 있는데, 무릇 이것을 일러 능참이라고 한다. 그 참여할 수 있는 근거를 버리고 참여를 바라는 것은 잘못이다."(『순자』, 「천론」)라고 하여 모든 일에 있어서 인간의 능동적 참여를 권장합니다. 또한 순자는 공자, 맹자와는 달리 선을 하늘이나 자연의 속성이 아닌 인간의 사회적 산물로 보아 본성을 변화시키는 인위적 노력을 강조합니다. 따라서 순자는 "사람이 선하고자 하는 것은 본성이 악하기 때문이다. 지금 사람의 본성은 진실로 예의가 없으므로, 그래서 강제로 배워서 있게 되기를 구하는 것이다. 본성은 예의를 알지 못하므로, 그래서 생각하여 알게 되기를 구하는 것이다. 따라서 태어난 대로 그냥 두면 사람은 예의가 없고 예의를 알지 못할 것이다. 사람이 예의가 없으면 어지러워지고 예의를 알지 못하면 거스르게 될 것이다. 그렇게 되면 태어난 그대로에 그쳐서 어지럽고 거스르는 상태가 자신에게 있을 것이다. 이러한 것으로 살펴보건대 사람의 본성은 악한 것이 명백하고 그 선이라는 것은 인위적인 것이다."(『순자』,「성악편」)라고 하여 인간의 본성이 하늘과는 관계가 없으며, 인간은 날 때부터 자신의 이익과 욕심만을 추구하는 악한 존재라는 성악설을 주장하게 됩니다.

성리학은 사서(四書) 중에 『맹자』와 『중용』을 중시했습니다. 이점은 성리학의 인간관을 이해하는데 있어서 큰 시사점을 제공합니다. 맹자는 인간과 동물이 공유하는 성(性)이 있다고 인정하지만, 동물과 조금 다른 점이 인간의 본성이고 이것이 이타적 행위의 근거가 된다고 합니다. 이러한 이중적인 측면이 있기 때문에 성리학자들은 모든 행위의 근거를 성으로 설정하면서도, 본연지성(本然之性)과 기질지성(氣質之性)이라는 두 종류의 성 개념을 성립시켰습니다. 본연지성은 천지지성(天地之性)이라고도 하는데, 주희는 "천지지성이 있고 기질지성이 있다. 천지지성은 태극 본연의 오묘함으로 만 가지로 다르지만 근본은 하나이다. 기질지성은 두 가지 기운이 뒤섞여 생겨나는 것으로 근본은 하나이지만 만 가지로 서로 다르다."(『성리대전』)고 정의합니다. 본연지성은 인간의 본성이자 도심(道心)으로 하늘이 내려준 지극히 선한 천리를 의미하며, 기질지성은 인심(人心)으로 본연지성이 개별 인간의 사사로운 기질과 성품의 맑고 탁함, 수려함과 척박함에 따라 다양한 편차를 띠고 드러나는 것을 말합니다. 이기론에 따르면 본연지성은 리, 기질지성은 기에 해당된다고 볼 수 있습니다.

이에 주희는 존천리거인욕(存天理去人欲), 즉 하늘의 이치를 존중하여 따르고, 사람의 욕심을 없애는 것이 탁한 기질지성의 극복에 있어서 핵심이라고 말합니다. 그 방법론으로 우주만물의 이치를 탐구하고 지식을 확충하는 격물치지의 자세가 요구됩니다. 즉 모든 사물의 본성을 파고 들어가다 보면 결국 앎에 다다르게 된다고 하여 성즉리론을 확립한 것입니다. 사물에 대한 이론과 지식의 확충이 하늘이 내려준 인간의 본성을 회복하기 위해 우선적으로 해야 할 일입니다. 격물치지의 태도를 몸에 익힌 후에 천리가 들어있는 양심을 보존하고 본성을 함양하면서 나쁜 마음을 단호히 물리치는 존양성찰이 뒤따른다고 하였습니다.

성리학에서의 인간은 본연지성에 이룰 수 있는 가능성을 지닌 존재이지만 기질지성으로 인해 그 가능성이 방해받는 존재입니다. 따라서 격물치지와 존양성찰을 통해 이를 극복하는 것이 본래의 인간다움을 회복하는 길이라고 보았습니다. 성리학은 맹자의 성선설을 이어받아 이를 더 정교하게 개념화, 체계화시켰으며, 인간이 인간답게 되는 길은 결국 교육과 수양을 통한 깨달음이라고 주장했습니다.

2) 명리학의 인간관

(1) 자연적·현세적 존재

공자와 맹자가 공유하고 있는 하늘과 인간의 감응 관계는 전한시대의 동중서에 의해 집대성됩니다. 동중서는 하늘이 자연과 인간을 주관하며, 개인이나 나라의 길흉화복은 모두 하늘에 의해 결정된다는 천인감응론과 음양오행론을 받아들여 중국 유학문화의 토대를 마련하였습니다. 천인감응론은 하늘이 인간을 움직이는 존재의 원리이자 교감의 원천으로 생각한 것이고, 음양오행론은 하늘과 땅, 인간의 천지인삼재를 꿰뚫는 운행 법칙입니다. 동중서는 천지인삼재가 하나의 통일된 원리로 운용된다는 맥락 아래, 사회제도 및 역사의 전개 과정이 천지인삼재의 구성 원리에 서로 상응되는 당위적 관계임을 입증하려고 하였습니다. 동중서의 천지인삼재론은 중국 유학 사상의 공식적인 세계관으로 자리 잡았습니다. 이러한 천지인삼재론적 인간 이해는 『중용』에도 등장합니다.

오직 천하에서 지극히 성실한 사람이어야 능히 그 본성을 다할 수 있으니, 그 본성을 다하면 능히 사람의 본성을 다할 것이요, 사람의 본성을 다하면 능히 만물의 본성을 다할 것이요, 만물의 본성을 다하면 천지의 화육을 도울 것이요, 천지의 화육을 도우면 천지와 더불어 참여하게 될 것이다.(『중용』 제22장)

즉 지극히 성실하여 만물의 본성을 체현해서 하늘과 땅의 변화와 양육을 도울 수 있다면 바로 그러한 사람이 천지인삼재로서의 인간인 것입니다. 명리학의 인간 이해도 이와 크게 다르지 않습니다. 명리학의 주요 저서 중의 하나인 유백온의 『적천수』 첫 부분에 나타나는 몇 가지 제목은 천도, 지도, 인도, 지명 등입니다. 이것은 인간의 운명의 규율이 자연계의 규칙 속에 포함된다는 것을 의미합니다. 먼저 천도와 지도의 자연 규율을 밝혀야 인도를 이해할 수 있고 그 후에야 지명, 즉 인간의 운명을 알 수 있다는 것입니다. 또한 『적천수』에서는 "하늘에는 음양이 있어 봄의 목과 여름의 화와 가을의 금과 겨울의 수와 사계의 토가 있다. 때를 얻음으로 그 신기한 공덕을 드러내니 명중의 천지인 삼원의 이치가 다 여기에 근본을 두고 있다."(『적천수』, 「통천론」)고 하여 명리학의 원리 역시 천지인삼재론의 영향 아래 있음을 밝히고 있습니다.

따라서 명리학은 인간 운명의 규칙과 자연 규칙이 일치한다고 봅니다. 인간의 운명을 이해하려면 자연계의 음양의 변화와 오행의 상생상극을 이해해야 하고 서로 다른 계절과 오행에서 각각 일어나는 작용을 이해해야 합니다. 즉 사주명리는 사주팔자로 표현되는 인간의 운명을 계절의 운행, 때를 잃고 얻음, 생명의 탄생과 죽음, 나무·불·흙·돌·물 등 다양한 형상을 지닌 자연의 형상으로 인식합니다. 이처럼 사람의 타고난 사주팔자를 살아있는 자연으로 인식하고 해석하는 과정을 통해 운명의 길흉화복을 판단하는 것입니다. 또한 『적천수』는 인간의 소우주성을 오행과 관련지어 설명하고 있습니다. "오행이 하늘에 있으면 오기(五氣)가 되니 청·적·황·백·흑이다. 땅에서는 오행이니 목·화·토·금·수이며, 사람에게는 오장이니 간·심·위·폐·신이 그것이다. 사람이 만물 중에 영장이 된 것은 오행을 완전하게 얻었기 때문이다. 고로 사람의 몸은 하나의 작은 하늘이라고 하는 것이다."(『적천수』, 「질병」) 중국의 명리학자 서락오는 『자평진전평주』에서 심효첨의 말을 다음과 같이 부언합니다.

음양에서 사상으로 나뉘어졌으니 목화금수가 이로써 춘하추동 사계절의 기를 대표한다. 대지 가운데 저장된 화와 저장된 수 및 금속의 광석은 누가 조성한 것인가? 수많은 초목이 싹이 트는 것은 누가 사령한 것인가? 과학이 만능하여 종자를 조성할 수는 있으나, 그로 하여금 맹아하게 할 수는 없다. 이 맹아의 활동력이 곧 목이다. 그러므로 금목수화는 천지자연의 질이다. 만물은 토에서 이루어지고 토로 돌아가니 이 금목수화의 질을 싣는 것이 토이다. 사람은 천지의 기를 부여받고 태어났는데, 난

기는 화이고 유질은 수이고, 철질은 금이고. 혈기의 흐름은 목이다. 목으로써 사람의 골육의 질이 되고 이 금목수화를 운용하는 것이 토이다. 사람이 기를 잡고 형체를 받음에 예기치 않아도 그렇게 됨이 있는 것은 자연히 이 자연의 기를 따름으로써 전이하지 않을 수 없기 때문이다."(『자평진전평주』, 「논십간십이지」)

또한 명리학이 생겨난 가장 근본적 이유는 재앙을 피하고 복을 얻기 위해서입니다. 이는 현세적 기복관과 연관됩니다. 한국인이 끊임없이 추구해 온 수복·식복·재복·관복·인복이라는 것도 결국 세속적인 복입니다. 이러한 세속의 복은 현세에서의 복일뿐이지, 전생에서 이미 누렸거나 장차 내세에서 누릴 복은 아닙니다. 공자는 "능히 사람도 제대로 섬기지 못하면서 어찌 귀신을 섬길 수 있겠는가? 삶을 모르고서야 어찌 죽음을 알겠는가?"(『논어』, 「선진편」)라고 하여 유학적 가치의 지향점이 현세에 있음을 명백히 밝혔는데 이는 명리학에도 적용됩니다.

이처럼 명리학은 인간 이해에 있어서 유학의 천지인삼재론을 그 바탕에 깔고 있으며, 인간이 천지와 같이 음양오행의 법칙을 따르는 존재임을 밝히고 있습니다. 또한 명리학은 지금 이곳에서의 피흉추길을 논하는 현세 지향적인 학문입니다.

(2) 운명론적 존재

한 개인은 타인들과 여러 차이를 지닌 채 태어납니다. 재능과 소질, 현명함과 어리석음, 건강함과 그렇지 못함의 차이가 엄연히 존재합니다. 명리학은 이처럼 개개인이 서로 다른 이유를 조물주와 음양의 소치로 보고 있습니다. 인간이 태어나서 살아가기 위한 최초의 행위가 바로 호흡입니다. 태어났으나 호흡을 하지 않으면 생명은 유지될 수 없습니다. 그리고 그 첫 호흡과 더불어 탄생 당시의 우주의 기운이 몸 안에 스며들게 되고 그것이 바로 그 사람의 운명을 결정하게 됩니다. 살기 위해서는 숨을 쉬라는 명령을 받아들여야 하며, 그때 스며든 년·월·일·시의 음양오행의 기운이 그 사람의 삶을 좌우하게 되는 것입니다. 이처럼 명리학은 인간을 일생 속에서 만나는 운기에 의해 지배되는 존재로 이해됩니다.

『삼명통회』는 "무릇 명이 음양을 부여받아 생겨날 처음에 사람이 바꿀 수 있는 것이 아니며 내가 할 수 있는 것도 아니다. 그리하여 반드시 부유하게 태어나거나 귀하게 태어나는 자가 있다. 또한 장수하도록 태어나거나 요절하는 자가 있고, 태어나면서부터 가난하고, 태어나면서부터 천한 자가 있다. 나면서 부귀 쌍전하고 인격이 뛰어나 사람들의 상위를 차지하는 자와, 나면서 빈천을 겸하여 사람들의 하위로 떨어지는 자들이 있다."(『삼명통회』, 「원조화지시」)고 하여 운명의 필연성에 대하여 말하고 있습니다. 따라서 인간은 태어난 년·월·일·시의 음양오행과 그것의 표현인 간지역법을 통해 운명의 모습을 어느 정도 밝힐 수 있는 존재입니다. 또한 각 사람의 탄생의 시기가 다르기 때문에 각기 다른 인생 역정이 펼쳐지는 것입니다. 각 사람이 걸어가는 운로도 다르기 때문에 때를 만나서 생하면 절반의 노력으로 곱절의 능력을 발휘하고, 때를 잘못 만나면 아무리 기이한 재능이 있어도 성공하기 힘듭니다. 이처럼 인간은 출생과 동시에 자연의 일부로서 음양오행을 부여받아 부귀빈천과 수요장단이 정해지며 이를 바꿀 수 없는 운명적인 존재인 것입니다.

(3) 가능성의 존재

『연해자평』은 "인생의 부귀가 정해졌으니 술사는 모름지기 상세히 논해야 한다."(『연해자평』, 「심경가」)고 했습니다. 이처럼 사주팔자를 풀이하는 것을 간명이라고 합니다. 만약 한 내담자의 사주를 간명한 결과 그 사람이 고시에 합격하여 요직에 이를 수 있는 사주 구성이라고 밝혀졌다 해도, 그 사주만 믿고 노력을 하지 않는다면 그에게는 아무 일도 일어나지 않습니다. 그가 자신에게 할당된 운명의 몫을 쟁취하기 위해서는 몇 년 동안 하루에 10시간 이상씩 학업에 매진하는 고된 인내의 시간이 필요합니다. 그렇지 않다면 그의 몫으로 할당된 운명은 실제로 그의 것이 되지 않을 것입니다. 즉 어떠한 운명이 주어지지만 그 운명을 쟁취하기 위해 노력하지 않는다면 성공은 저절로 이루어지지 않습니다. 그것은 여전히 가능성으로만 존재하는 것일 뿐, 현실에서 자신의 몫으로 이루어지지 않기 때문입니다. 이와는 반대로 운명에서 주어지지 않는 것은 아무리 얻으려 해도 얻어지지 않는다는 것입니다. 따라서 내 운명의 가능성 안에 무엇이 주어졌는가를 살피는 것이 중요합니다. 또한 우리에게 예측되는 우환이 있다면 마치 비행기가 연착륙하듯이 그 불행에 대비하여 충격을 최소화하면서 받아들이게 하는 것도 명리학의 순기능입니다. 이처럼 운명의 흐름이 길할 때 주어진 상황을 감사히 받아들이고 덕을 베풀어 어려울 때를 대비해 처신하는 것은, 넘어질 때 다치지 않도록 낙법을 익혀두거나 일기예보를 보고 우산을 미리 챙겨두는 것과 크게 다르지 않습니다.

또한 유학에서는 개인의 운명과 상관없이 인간이라면 이루어내야 할 사명이 있다고 봅니다. 그래서 공자는 소극적으로 운명을 따르기보다 적극적으로 인간의 도리를 실천해야 함을 강조했습니다. 그것이 바로 천명으로서의 사명입니다. 이는 인간으로서 덕을 쌓는 것이며 진인사대천명의 마음으로 최선을 다하는 자세인 것입니다. 이러한 사상은 19세기 독일의 철학자 니체(Friedrich Nietzsche, 1844-1900)의 운명애(amor fati) 사상과도 통합니다. 니체에 따르면 운명을 사랑한다는 것은 운명을 거부하는 것도 아니고 운명에 순종하는 것도 아닙니다. 운명을 사랑한다는 것은 운명을 아름답게 창조하는 것입니다. 이러한 측면에서 명리학은 인간을 가능성의 존재로 보고 있습니다.

3. 기독교와 명리학의 인간관 비교

지금까지 기독교의 인간관과 유학, 명리학의 인간관을 살펴보았습니다. 기독교가 하느님으로부터 시작하는 하향적(top-down) 존재로서의 인간 이해를 지니고 있다면, 유학과 명리학은 땅에서부터 하늘로 나아가는 상향적(bottom-up) 인간 이해를 지니고 있다는 점이 큰 특징이라고 할 수 있습니다.

기독교에 의하면 인간은 무로부터 진흙이라는 물질과 하느님의 입김에 의해 창조된 피조물로서, 물질적인 존재로서의 유한성과 영적인 존재로서의 초월성을 담보한 존재입니다. 그러나 인간은 자신이 창조된 존재임을 망각하고 하느님이 부여한 자유를 사용하여 존재의 근원을 떠나게 됩니다. 이것을 기독교에서는 죄라고 명하며 이 죄를 불러오는 것을 타락이라고 칭합니다. 그러나 피조물로서의 자신의 본질을 깨달은 인간은 다시 하느님의 구원을 갈망할 수밖에 없다는 것이 기독교의 인간 이해입니다. 따라서 기독교에서는 하느님과 인간의 지속적인 영적 관계를 매우 중요시합니다. 그럼에도 불구하고 인간의 구원은 전적으로 하느님에게 맡겨진 일이어서, 하느님이 선택한 인간만을 구원한다는 것이 기독교의 예정론입니다. 그래서 구원된 인간은 죽음 후에 육체는 썩어 없어지지만 영혼은 하느님 나라에 거한다는 것입니다. 인간은 하느님 나라에서 안식을 취하다가 예수가 재림하는 날에 영혼과 육체가 부활하여, 구원받은 자는 하느님 나라에서 살고 버림받은 자는 영원한 지옥불의 저주 속에 던져진다는 것이 기독교 인간관의 골자라고 할 수 있습니다.

그러나 유학에서의 인간은 자연의 부분으로서 세상에 드러난 존재입니다. 따라서 유학에서는 인간존재의 기원에 대한 설명보다는 어떻게 하면 인간이 하늘로 대표되는 자연과 조화를 이룰 수 있을 것인가에 초점이 맞춰져 있습니다. 유학은 인간의 본성을 바라보는 관점에 따라 공자, 맹자의 성선설과 순자의 성악설로 나뉩니다. 그러나 맹자 역시 사람이란 그냥 내버려 두면 감관의 작용에 따라 악한 것을 쫓는 존재로 본다는 점에서 인간에게는 명백한 한계와 약점이 있음을 인정하고 있습니다. 따라서 유학은 인간이 교육과 수양을 통해 하늘을 닮은 존재가 되어야 한다고 주장합니다. 그리고 인간에게는 지금, 여기의 현실이 중요하며 죽은 뒤의 삶은 언급하지 않는 것이 유교의 생사관이라고 할 수 있습니다.

명리학은 이러한 유학의 인간관을 바탕으로 자신만의 고유의 인간 이해를 덧붙입니다. 명리학은 인간이 천지인삼재의 한 요소라는 유학의 입장에서 더 나아가 인간 운명의 규칙과 자연의 규칙이 일치하며, 그 근거가 되는 이론이 음양오행론이라고 주장합니다. 그래서 그 추이를 관찰하면 운명의 흉을 피하고 길함을 예측할 수 있다고 봅니다. 또한 인간은 타고난 운명을 지닌 존재로서, 각자의 음양오행을 부여받아 재산과 지위, 가난하고 천함, 목숨의 길고 짧음이 이미 정해진 숙명적인 존재라고 봅니다. 그러나 명리학은 인간은 자신에게 주어진 운명의 한계 안에서 일정한 성취를 이룰 수 있는 가능성의 존재라고 말합니다. 이러한 취지가 잘 드러나 있는 명리학의 사자성어가 바로 운칠기삼(運七技三)입니다. 운이 칠할이고 기량이 삼할이라는 뜻으로, 사람의 일은 재주나 노력보다 운에 달려 있다는 것입니다. 그러나 인간에게는 여전히 30%의 가능성이 열려 있는 것입니다. 이상에서 살펴본 바와 같이 기독교의 인간관과 유학, 명리학의 인간관은 공통점이 거의 없다고 볼 수 있습니다.

3장 기독교와 명리학의 사회관 비교

명리학의 사회관은 거시적인 관점에서 사회를 바라본 기독교나 유학의 사회관과는 결을 달리합니다. 명리학은 구체적인 욕망을 실현하려는 나라는 개인으로부터 출발합니다. 명리학은 가족관계를 규정하는 육친으로부터 출발하여 이것을 사회관계로 확장시킵니다. 현 체제를 긍정하는 명리학은 그 체제 안에서 한 개인의 부귀영화가 어떻게 가능한가라는 미시적인 관점에서 길흉화복을 논합니다.

사회는 공동생활을 하는 사람들의 조직화된 집단이나 세계를 의미합니다. 그리고 사회의 주요 형태에는 가족, 마을, 조합, 계급, 정당, 회사, 국가 등이 있습니다. 부언하자면 사회라는 말은 좀 더 형식화된 공동체를 말하며 일반적인 의미의 세상과는 다른 차원을 의미합니다. 사회는 인간이 하나의 문화적 공유개념을 중심으로 하는 공동체이며, 이는 문화에 따라 다양한 모습으로 형성됩니다.

그리고 기독교와 사회의 관계는 그냥 상상의 관계가 아닙니다. 그것은 예수가 어떻게 사회에 대응하였는가를 살펴보는 것을 바탕으로 합니다. 예수 역시 우리들처럼 특정한 장소, 특정한 시간, 특정한 가정에서 태어나 특정한 사회에서 살다가 그 사회에서 죽었습니다. 그러므로 기독교와 사회의 관계는 예수가 어떻게 살았는가가 기준이 되며, 그것의 응용된 관계를 살피는 것이 중요합니다. 이처럼 예수의 삶은 기독교의 원칙이며 기준이라고 할 수 있습니다. 따라서 기독교인들은 이 원칙을 자기의 구체적인 상황에 따라 적용하여 살아가게 되는 것입니다. 물론 시대가 복잡해짐에 따라 예수가 해결책을 제시하지 않은 문제도 등장하게 되어 결국 추론에 의지하는 경우도 생깁니다. 이런 이유로 인해 여러 갈래의 신학과 사회윤리가 성립하게 되며, 따라서 통일된 기독교 사회관의 성립은 기대할 수 없게 됩니다. 결론적으로 백 사람의 기독교인이 있다면 백 사람의 기독교 사회관이 있을 수 있다는 상황도 가정할 수 있습니다.

예수 당대에도 신앙공동체가 존재했습니다. 그러나 예수가 죽은 후에 본격적으로 생겨난 신앙공동체인 교회를 이해해야만 기독교 사회관의 이해가 가능합니다. 예수와 사회의 관계를 거울로 삼는다고 하지만, 일단 조직된 교회는 사회와의 상호작용을 통해 고유한 관계를 형성하기 때문입니다. 기독교에서는 교회가 하느님 나라를 세상에서 실현하는 도구의 역할을 감당한다고 보기 때문에, 교회와 사회가 서로를 어떻게 이해하고 있는가를 살피는 것이 매우 중요합니다. 따라서 기독교의 사회관은 필연적으로 교회와 사회와의 관계에서 파생된다고 볼 수 있습니다. 이에 대표적으로 예수, 어거스틴, 칼빈의 사회관과 현대 기독교에 큰 영향을 끼친 본회퍼의 사회관을 중심으로 살펴보고자 합니다.

본래 동양에서 사회라는 개념은 사(社)에서의 모임(會)을 의미하는 것이었습니다. 여기서 사는 토지신인 동시에 이 신을 섬기는 사당을 의미합니다. 대개 25가(家)로 이루어진 마을 단위에 하나의 사를 두었기 때문에 이 사에서의 모임을 사회라고 했던 것입니다. 즉 사회란 농본사회에서 풍년을 기원하는 제사를 지내는 종교적인 마을 공동체를 의미하는 개념입니다. 그리고 이런 농본사회의 마을 공동체는 주로 같은 혈연들로 구성된 집성촌의 형태를 이루고 있었기 때문에, 대부분이 동일한 조상에서 나온 대가족 형태의 혈연공동체였습니다. 즉 이들의 결합은 바로 같은 조상을 섬기는 사당과 제사 의식을 통해 결합된 공동체였습니다.

재산법은 재산이 없는 사람에게는 의미가 없는 법이지만 반대로 재산이 많은 사람일수록 재산법에 대해 박식할 가능성이 높습니다. 박식함을 넘어 자신의 재산을 관리해 줄 전문가를 두는 경우도 있습니다. 이처럼 물적인 토대가 개인과 사회의 의식을 규정하는 것입니다. 따라서 어떤 사회가 농경사회나 자본주의라는 물적 토대 위에 놓였을 경우, 그러한 물적 토대는 인간의 의식이 외화된 제도를 요구하게 됩니다. 칼 마르크스는 이러한 상황을 "사회적 존재가 그 의식을 규정한다."는 말로 정의했습니다. 마르크스의 명제처럼 유학은 농경사회라는 사회적 존재에 대한 대응을 통해 그 가치체계를 세운 학문입니다. 농경사회에서는 가족이 노동력의 최소 단위가 되는 중요한 집단입니다. 따라서 농경사회에서는 가족이 가장 중요한 사회의 단위이며 이에 가족 간의 규범을 세우는 일이 중요했습니다. 이제 가족의식은 가족의 확장된 형태인 국가에 이르게 되고 더 나아가 세상에 이르게 되어, 유학 사상은 보편성을 획득하게 됩니다.

중국에 있어서 국가는 봉건시대의 기본 단위였습니다. 즉 왕은 천하의 주인으로서 국가를 다스렸습니다. 그러나 가를 그 기본으로 했습니다. 고대에는 집안 단위로 전쟁을 하고 행정을 했기 때문에, 한 가문을 운영하는 것이 마치 나라를 운영하는 것과 같았습니다. 춘추전국시대의 진나라가 조·한·위 세 나라로 갈라진 것도 실은 세 집안이 발전하다가 저마다 나라의 형태를 갖춘 것입니다. 또 하에서 은과 주를 거치면서 모든 제후국은 가의 형태로 발달하다가 왕권을 차지했기 때문에, 가도 국 못지않은 개념으로 여겨졌습니다. 은·주·진은 모두 가가 국으로 발전한 나라들입니다.

즉 하나의 나라는 한 집안에 그 뿌리를 두고 있다는 것이 고대 중국인의 사회관이었습니다. 『대학』은 이것을 수신제가치국평천하라는 개념으로 정리하여, 가족관계로부터 시작된 윤리와 도덕이 국가와 세상을 포괄한다고 보았습니다. 따라서 유학에서의 수신은 개인주의적인 차원의 수련으로 끝나는 것이 아니라 제가를 감당할 때에 비로소 증명되며, 제가는 치국을 제대로 감당할 때 인정되는 연쇄 구조를 지니고 있는 것입니다. 치국과 평천하의 경우도 마찬가지입니다.

이러한 까닭에 유학의 사회관은 기독교에 비해 관계 중심적이고 현실주의적인 성향을 띠게 됩니다. 따라서 유학은 그 이상을 실현하는 방법에 있어서 자기완성을 통한 사회완성의 방법을 제시합니다. 이것은 인간이 주체적이고 개인적인 존재인 동시에 사회적인 존재임에 근거한 것으로, 그 양면의 조화로운 성취를 이룰 수 있는 방안을 제시하는 것입니다. 따라서 유학은 가족과 국가의 원활한 작동을 위해 각 단위와 그 사이의 관계를 규명하는 윤리와 도덕을 매우 중요시 했습니다. 또한 유학의 사회관은 공자와 맹자, 순자의 경우에서 보듯이 교육을 통해 인간의 약점을 극복할 수 있다는 입장으로 인해 근본적으로 인간성을 긍정하고 있습니다. 더 나아가 인간의 윤리와 도덕의 근원은 하늘이며, 인간이 하늘과 다르지 않다는 천인합일사상을 통해 이러한 입장을 강화하고 있는 것입니다.

유학이 거시적이고 이상적인 차원의 사회적 담론에 대해 관심을 기울였다면, 명리학은 미시적이고 현실적인 차원의 개인적 담론에 초점을 맞추고 있습니다. 명리학은 음양오행의 생극 작용에 인격을 부여한 육친(六親) 개념을 통해 사주팔자의 주인인 명주와 그 가족의 관계에 대한 정보를 제공하는 학문인데, 가족관계를 의미하는 육친의 개념이 확장되어 개인의 사회관계까지 추론할 수 있게 됩니다.

특별히 명리학이 사주팔자 안에 드러나는 명주의 재산과 명예, 즉 재성(財星)과 관성(官星)에 무게를 두고 간명함에 따라, 명리학이 재성과 관성을 중요시함을 알 수 있습니다. 그 이유는 명리학이 성립될 당시 중국에서는 관료주의 사회가 완성되었고, 그러한 사회에서 한 개인의 길흉화복은 관료주의 사회와 어떠한 관계를 지니고 있느냐에 따라 결정되었기 때문입니다. 유학과 명리학이 인간에게 운명이 있다는 공통전제를 가지고 있지만, 그 운명이 어떠한 방향으로 나아갈 것인가에 대해서는 유학은 거시적 이상주의로, 명리학은 미시적 현실주의로 나아갔음을 알 수 있습니다.

1. 기독교의 사회관

1) 예수의 사회관

기독교에서는 사회보다 범위가 큰 '세상'에 대한 언급이 매우 자주 등장합니다. 따라서 기독교의 사회관을 논하기에 앞서 기독교에서 말하는 세상을 살펴보는 것이 순서입니다. 왜냐하면 사회는 엄연히 세상에 속해 있고 세상을 바라보는 관점에 따라 그 사회관이 결정되기 때문입니다.

예수의 행적을 기록한 『신약성서』에서 말하는 세상은 이중적인 의미를 지니고 있습니다. 『신약성서』에서 희랍어로 코스모스로 표기되는 세상은 하느님의 말씀에 의해 창조된 아름다운 피조물을 뜻합니다. 그러나 지금의 세상은 죄를 지은 인간과 관련되어 있기 때문에 실제로는 사탄의 지배하에 놓여 있습니다. 죄는 역사의 시초에 세상에 들어왔고 죄로 인해 죽음이 들어왔습니다. 이 사실로 말미암아 세상은 하느님의 심판을 받지 않으면 안 됩니다. 이처럼 『신약성서』에서 말하는 세상은 하느님의 말씀으로 창조된 아름다운 곳이기는 하지만, 현재는 사탄의 지배 아래 놓여 있어 기만과 불신앙, 증오로 가득 찬 곳입니다. 이때 하느님은 "이 세상을 극진히 사랑하셔서 외아들을 보내주시어 그를 믿는 사람은 누구든지 멸망하지 않고 영원한 생명을 얻게 하여 주심"(요한 3:16)으로써 세상에 대하여 새로운 역사를 시작하십니다.

그렇다면 하느님의 아들 예수는 이러한 세상과 어떤 관계에 놓여 있을까요? 예수는 악과 어둠이 가득 찬 이 세상에서 결코 환영받을 수 없는 존재였습니다. 왜냐하면 예수는 세상의 빛이고 생명을 가져다주고 세상을 구원하러 왔기 때문입니다. 그러나 세상은 그를 받아들이지 않고 박해하며 심지어 죽음에 이르게 합니다. 하지만 그는 죽음으로부터 부활함으로써 새로운 창조의 으뜸과 머리가 되었습니다. 하느님은 그의 발아래 모든 것을 굴복시켜 모든 존재가 그를 통해 화해하게 하셨으며 갈라진 우주를 하나로 만들었습니다.(에페 1:22-23) 즉 『신약성서』에서 말하는 세상은 예수가 추구한 하느님 나라의 대척점에 서 있는 개념임을 알 수 있습니다. 따라서 예수의 소명은 개인적으로나 사회적으로나 하느님 나라의 실현을 방해하는 악을 물리치는데 있었습니다. 그래서 예수는 개개인의 영혼을 악으로부터 구하는 영혼의 구세주 같은 존재로 표상되기도 하고, 반면 구조적인 사회악으로 인해 고통을 받는 사람들을 구하는데 앞장서는 사회개혁가의 표본처럼 여겨지기도 합니다. 사실 이 두 가지 측면은 명료하게 구분이 되지 않습니다. 이제 예수의 대 사회적인 태도에 초점을 맞춰 그의 사회관을 추론해 보면 다음과 같습니다.

　예수가 사회를 바라보는 관점은 이웃에 대한 사랑의 개념에서 비롯됩니다. 예수의 이웃 사랑에 대한 개념이 명확하게 드러난 곳은 바로 「루가복음」에 등장하는 착한 사마리아 사람의 이야기입니다. 어떤 사람이 강도를 만나 거의 죽게 되었습니다. 그런데 동족이면서 종교와 유관한 직업을 가진 사제와 레위 사람은 그 일에 연루되기 싫어서 다친 사람을 피해갑니다. 그러나 유다인과 원수처럼 지내던 이방인인 사마리아 사람은 그를 치료하고 잠자리까지 마련해 주었으며, 그 사람을 돌봐달라고 여관 주인에게 돈을 주고는 비용이 더 들면 돌아오는 길에 갚겠다고 했습니다. 이것이 바로 예수가 말하는 이웃에 대한 사랑입니다. 진정으로 신성한 인간은 십자가에서 죽기까지 자신을 남에게 내어주는 사람입니다. 왜냐하면 하느님은 강력한 힘이나 덕행이 아니라, 예수를 통해 자신을 내어주는 사랑으로 현존했기 때문입니다.

　그리고 이 사랑은 위기에 처한 사람을 우선적으로 선택하는 사랑인 것입니다. 사회적 약자와 소외받은 사람들에 대한 선택적인 사랑이 바로 예수의 사회관의 핵심이라고 할 수 있습니다. 그리고 이 선택적인 사랑을 통해 사회 정의를 세워야 함을 예수는 믿었습니다. 왜냐하면 정의는 이웃을 사랑하는 방법 중에 하나이기 때문입니다. 정의는 복음의 고유한 원초적 요소입니다. 이런 이유로 인해 하느님과 인간의 언약에 어울리는 공동체는 정의가 회복된 사회를 의미합니다. 정의는 인간이 하느님의 형상자로서 자신을 표현할 수 있는 사회질서를 요구합니다. 즉 정의는 인격실현을 위한 사회를 요구합니다. 이처럼 온전한 인격 실현이 가능한 사회가 예수가 생각하는 정의로운 사회였습니다.

일부일처제는 예수의 등장과 더불어 유대 사회에 정착되어 기독교 문화권의 보편적인 혼인제도로 자리 잡았다고 보는 것이 정설입니다. 「창세기」 2장 24절은 "그러므로 남자는 아버지와 어머니를 떠나 아내와 결합하여, 둘이 한 몸이 된다."고 하여 일부일처제가 인류의 원형적인 혼인제도임을 밝히고 있습니다. 그러나 구약시대만 보더라도 오히려 일부다처제가 보편적인 혼인제도였습니다. 하느님의 섭리에 의하면 남녀의 성비는 일대 일에 가깝게 유지됩니다. 그러나 구약시대에 일부다처제가 정착됨으로써 여성을 물건처럼 사고 팔던 시대에 금전의 결핍으로 인해 결혼을 하지 못한 남성들의 수가 증가했습니다. 이는 "자식을 낳고 번성하라."(창세 1:28)는 하느님의 섭리에 반하는 것입니다. 따라서 예수는 이러한 모순적인 사회제도로부터 소외된 사람들에 대한 선택적인 사랑을 통해 하느님의 정의인 일부일처제를 회복시킨 것입니다. 이처럼 사회의 정의는 그 사회에서 소외당한 자들에 대한 우선적인 선택을 통해 이룰 수 있다는 것이 예수의 사회관이라고 볼 수 있습니다.

2) 어거스틴의 사회관

예수가 죽은 후 제자들에 의해 기독교 신앙공동체인 교회가 생겨났습니다. 기독교는 소아시아 지방을 비롯하여 로마까지 급속도로 확산되어 3세기 말에는 기독교인이 로마제국 인구의 10%가 되었습니다. 그러나 로마제국은 기독교를 위험시하여 태동 때부터 줄곧 박해를 하였습니다. 기독교가 박해를 받은 이유는 기독교인들이 로마제국의 질서와 이념을 부정하고 군사적 봉사와 황제숭배를 거부했기 때문입니다. 그리고 그 박해는 4세기 초반까지 지속되었습니다. 콘스탄티누스가 황제로 재임하던 313년에 이르러서야 모든 기독교인들은 신앙의 자유가 있다는 밀라노 칙령을 통해 신앙의 자유를 누리게 됩니다. 이제 기독교는 핍박의 대상에서 지배의 주체로 변신하게 되었으며, 로마제국과 더불어 세상을 지배하는 강력한 체제 내적인 존재가 된 것입니다. 따라서 교회가 세상을 향한 복음 전파와 구원 사역의 주체를 감당하게 됩니다. 그리하여 당시 기독교는 교회와 로마제국과의 관계를 정립하는데 온 힘을 쏟았고, 당시 사회관도 로마제국으로 대표되는 국가관에 초점을 맞추게 됩니다. 그중에서도 4세기 후반에 활동한 어거스틴(St. Augustine, 354-430)은 탁월한 능력을 발휘하여 교회와 국가의 관계를 정립하는데 큰 기여를 합니다.

어거스틴은 『하느님의 도성』에서 교회와 국가의 관계에 대해 논하고 있습니다. 하느님의 도성과 지상의 도성은 서로 대적하는 가운데 존재하게 되는데, 어거스틴은 지상의 교회를 하느님의 도성과 동일시하지 않았으나 실제적으로는 현재의 교회를 미래에 완성될 하느님의 도성과 같은 것으로 이해했습니다. 국가는 지상의 도성에 속하고 권력과의 관계로 인해 죄와 밀접한 관련을 맺지만, 국가가 이단을 억제하여 교회를 섬기게 되면 더 높은 가치를 얻게 된다고 보았습니다.

어거스틴에 따르면 아담의 타락은 모든 것을 바꾸어 놓습니다. 아담의 범죄 때문에 인간에게 육욕이 만연해졌습니다. 원죄와 이의 결과인 육욕의 심각성을 누구보다도 강조했던 어거스틴은 개인의 육욕을 통제할 외적인 공권력이 필요하다고 보았습니다. 따라서 강제와 지배를 특징으로 하는 정치조직은 인류에게 본래적인 것이 아니라 죄성의 결과인 것입니다. 이에 국가권력이 하느님의 뜻을 어기지 않는 한 백성들은 국가의 명령에 반항해서는 안 됩니다. 세상의 권력은 인간의 타락한 본성에 기초하고 있지만 동시에 하느님께서 허락하신 것이기 때문입니다. 이처럼 국가는 대표적인 지상의 도성으로서 때로는 악마적이기도 하지만, 하느님의 구속 드라마에서 충성스러운 배역이기도 했습니다. 왜냐하면 우연이 아니라 하느님의 섭리가 역사를 주관하고 있기 때문입니다. 이에 기독교인은 세상의 두 도성에 동시에 거주하면서 교회에서는 이미 그리스도와 함께 천국의 시민이며 국가에서는 시민으로 살아가는 존재입니다. 어거스틴은 어떤 사람이 하느님의 도성인 교회에 속했다고 하여 그 사람의 구원이 보장된 것이 아니며, 동시에 지상의 도성에 속했다고 하여 그 사람이 버림받았다고 보기는 어렵다고 했습니다. 외면적으로는 하느님의 도성에 속한 것처럼 보이는 자라고 할지라도, 종말의 때에 밀과 가라지로 성별되어 자신의 행위에 대한 책임을 져야 하기 때문입니다. 반면에 지상의 도성에 복무했던 자일지라도 그 불가피성이 인정된다면 구원을 받을 수 있다고 했습니다.

어거스틴은 국가와 사회 공동체가 이기적인 욕망과 권리에 의해서 발생했다는 현실적인 인식을 지니고 있었습니다. 이러한 어거스틴의 사회 인식은 인간이란 기회만 생기면 자신의 욕망을 신격화하는 원죄적 존재로 바라본 그의 인간관에서 출발합니다. 어거스틴은 사회 공동체를 권리에 대한 공통된 인식과 결합을 전제로 한 합리적 이익공동체로 정의했습니다. 따라서 그는 진정한 소망을 사회 공동체가 아니라 하느님의 도성에 두었습니다. 왜냐하면 하느님의 도성은 권리에 대한 공통된 인식이 아니라 사랑의 대상에 대한 공통된 일치에 의해 결속된 집단이기 때문입니다. 따라서 그는 하느님의 도성의 상징인 교회를 지상의 도성인 사회 공동체들과의 관계에서, 때로는 협력하고 때로는 갈등을 빚을 수밖에 없는 존재로 보았습니다. 어거스틴은 기독교가 국가를 포함한 사회 공동체와 생래적으로 긴장 관계에 놓여 있는 집단임을 최초로 밝혔으며, 이러한 견해는 이후 기독교 사회관의 정설로 굳어지게 되었습니다.

3) 칼빈의 사회관

칼빈(Jean Calvin, 1509-1564)이 활동했던 16세기는 귀족 중심의 봉건사회가 약화되고 신흥계급인 부르주아가 주도하는 자본주의가 역사의 전면에 부상하던 시대였습니다. 또한 봉건사회를 지배했던 가톨릭교회의 권위에 도전하여 종교 개혁이 이루어지던 시기이기도 했습니다. 중세를 통하여 교회로 대표되는 교권과 국가로 대표되는 황제권의 다툼은 엎치락뒤치락 진행되었지만, 근대로 진입하면서 이 두 권력은 자연스럽게 분화를 이루게 됩니다.

새로운 정치철학은 교회나 종교와는 무관하게 철저히 세속화한 마키아벨리의 군주론으로 정리되었으며, 종교적 측면에서는 가톨릭교회에 대항하여 개혁교회가 급성장했습니다. 따라서 개혁교회의 입장에서 국가와 사회와의 관계를 정리할 필요가 있었으며, 그 역할을 감당한 자가 바로 칼빈입니다. 칼빈도 어거스틴과 마찬가지로 두 가지 관점에서 세상을 바라보았습니다. 칼빈에게 있어서 이 세상의 현실사회와 저 세상의 이상사회인 하느님 나라는 구별되지만, 현실사회 속에 이상사회가 공존하는 이중구조를 지니고 있었습니다.

칼빈은 인간을 사회적 동물로 보았습니다. 따라서 자신이 인간이라고 생각하는 사람은 기꺼이 사회를 발전시켜야 한다고 믿었습니다. 반면 인간사회의 공동체 밖에 머무는 것을 짐승보다도 낮은 수준의 삶으로 보았습니다. 이처럼 칼빈은 개인을 넘어선 사회 공동체의 중요성을 인식하고 있었으며, 따라서 칼빈의 사회사상체계는 하느님 나라 사상을 현실사회에 적용하여 온 시민이 하느님의 뜻에 따라 합당하게 살아가도록 하는 것이었습니다. 이처럼 칼빈은 본래적인 나라를 영적 통치가 시행되는 하느님 나라에 두었습니다. 그러나 그렇다고 해서 세속 통치가 시행되는 현실사회를 비관적으로 바라보지 않았습니다. 다만 그는 하느님 나라의 통치를 현실 속에서 강력하게 실현하고자 했습니다. 칼빈은 국가의 통치가 완전히 부패한 것으로서, 그리스도인과는 아무런 관계도 없는 것이라는 식으로 생각해서는 안 된다고 보았습니다. 따라서 의로움을 입어 구원받은 자들이 정욕과 죄를 거부하고 자기 부인을 통해 성화의 과정을 밟아가면서, 타락한 현실사회를 하느님 나라로 변화시켜나가야 한다는 것이 칼빈의 사회사상의 요체인 것입니다. 어거스틴이 교회공동체와 사회와의 관계를 조화보다는 긴장에 중심을 두고 바라보았다면, 칼빈은 이 둘의 관계를 협력에 무게를 두고 바라본 점이 그 특징이라고 할 수 있습니다.

> 국가는 우상숭배나 하느님의 이름을 망령되게 하는 행위나 하느님의 진리에 대한 모독 등, 신앙을 적대시하는 기타 공적인 범죄들이 사람들 가운데 일어나거나 퍼지지 않도록 방지하며, 각 사람이 자기의 재산을 안전하고도 건전하게 지키도록 해주며, 사람들이 서로서로 흠 없이 교류할 수 있도록 해

주며, 사람들 사이에 정직과 겸손이 보존되도록 해 주기도 하는 것이다. 간단히 말해서 국가의 통치는 그리스도인들 가운데 신앙을 공적으로 드러내도록 해 주며, 또한 사람들 가운데 인간성이 유지되도록 해 주는 것이다.(『기독교강요』)

칼빈에게 있어서 국가는 교회와 더불어 개인의 신앙을 증진시켜 거룩함에 이르게 하는 긍정적인 측면이 많은 사회제도입니다. 칼빈은 기독교인들이 하느님으로부터 권위를 부여받아 국가를 운영하는 주체인 군주에 대해 복종해야 하는 것이 대원칙이라고 말합니다. 그러나 칼빈은 군주의 폭정이 도를 지나칠 경우 하느님께서는 때때로 노골적인 복수자들을 일으켜, 그들로 하여금 악한 정부를 처벌하고 억눌려 있는 그의 백성들을 비참한 재난에서 구해주신다고 하여 혁명을 통한 정권교체를 자신의 신학 체계 안에서 정당화했습니다. 칼빈의 이러한 사상에는 가톨릭에 대한 저항을 통해 개혁교회의 정체성을 세우려 했던 시대와 개인의 체험이 녹아 있습니다. 즉 가톨릭의 성직 제도를 넘어서서 하느님과의 직접적인 교통을 추구했던 당시의 종교 개혁적 상황이 반영된 것이라고 할 수 있습니다. 사회와의 협력을 통한 복음의 실천은 칼빈이 자신의 활동무대인 제네바에서 설립한 구빈원(제네바시립병원)에서 잘 드러납니다. 칼빈이 교회법령을 통해 설립한 구빈원은 교회가 시당국의 재정적 지원을 받아 엄격하게 집사직을 통해 목사와 장로의 감독과 지도하에 운영되던 빈민구호기관이었는데, 이는 문자 그대로 별 문제 없이 잘 운영되던 사회복지기관이었습니다.

4) 본회퍼의 사회관

근대 과학의 발달은 19세기까지만 하더라도 인간에게 낙관적인 미래를 제시하였습니다. 그리고 이러한 사명을 수행하는 주체로 인간의 이성과 합리성을 전면에 내세웠습니다. 그러나 20세기 들어서서 세계 제1차 대전이 발발하고 많은 이들이 전쟁으로 희생되자, 인간의 이성을 통한 인류의 진보는 기대하기 어려워졌습니다. 게다가 1929년에 발생한 대공황의 여파로 독일에서 기세를 잡은 나치 정권이 세계 제2차 대전을 일으키자, 본회퍼(Dietrich Bonhoeffer, 1905-1945)는 이러한 시대상을 자신의 신학을 통해 해석하고자 했습니다. 따라서 본회퍼는 먼저 이 시대에서 기독교의 의미는 무엇인가를 묻지 않을 수 없었습니다.

본회퍼는 지금 자신이 '성숙한 세상'에 살고 있다고 선언합니다. 본회퍼는 『저항과 복종』에서 "인간의 자율성(나는 그것을 법칙들의 발견으로 이해하는데, 그 법칙에 따라 세계는 과학, 사회적 삶과 국가적 삶, 예술, 윤리, 종교 속에서 살며, 자기 뜻대로 자신을 운용할 수 있게 되었다)과 관련해 13세기에(나는 그 논쟁의 시점에 대해서는 관여하고 싶지 않다) 시작된 운동은 우리 시대에 와서는 어느 정도 완성에 도달했다고 말할 수 있다."고 하면서 성숙한 세상에 대해 정의를 내립니다. 본회퍼는 프랑스혁명을 통해 이러한 세상이 본격적으로 도래했다고 보았습니다. 하나의 원형적인 사건으로서의 프랑스혁명은 중요한데, 왜냐하면 프랑스혁명은 서구의 무신앙에 대해 일종의 완벽한 안도감을 선사했기 때문입니다. 본회퍼는 이것이 서구 사상가나 중국, 인도, 그리스 등 개인적인 차원에서의 무신론과는 완벽하게 다르다고 주장합니다. 그것은 신의 존재에 대한 이론적인 부정이 아니라 혁명 자체가 신에 대해 적대적인 종교가 되었기 때문입니다. 본회퍼에 따르면 프랑스혁명을 통해 등장한 성숙한 세상은 인간의 자율성이 역사의 전면에 등장하는 시대입니다. 본회퍼는 성숙한 세상에서는 인간의 자율성의 영역이 넓어지면 넓어질수록 반대로 하느님의 개입은 줄어들게 되며, 인간의 전 영역에서 스스로의 문제해결 능력이 증진된다고 보았습니다. 이처럼 성숙한 세상이란 현세를 긍정하는 자율적이고 책임적인 세상인 것입니다.

그렇다면 이처럼 성숙한 세상에서 교회와 기독교는 여전히 유의미한 것일까요? 본회퍼는 이제 전통적이고 종교적인 기독교는 폐기되어야 하고 비종교적인 기독교가 그 자리를 차지해야 한다고 말합니다. 본회퍼에게 있어서 종교적인 기독교란 무엇보다도 개인 지향적이었으며, 따라서 개인은 전적으로 자신만의 구원과 개인적인 기도생활을 발전시키는 문제에만 관심을 가져왔다고 봅니다. 그 결과 이웃의 어려움과 세상의 문제들은 외면되었습니다. 또한 전통적인 종교는 내세 지향적인 성격을 띠어, 종교인의 관심을 이 세상에 대한 관심과 참여보다는 다른 세상에서 구원을 얻는 문제에 훨씬 더 집중하도록 만드는 경향을 보였습니다.

본회퍼는 이러한 종교적인 기독교가 비종교적인 기독교로 대체되어야 한다고 보았습니다. 그것은 남을 위한 예수가 그 초점이 되고, 우리 한가운데 있는 초월자로서의 하느님이 그 핵심에 자리 잡는 것입니다. 또한 그것은 하늘에 존재하는 형이상학적인 하느님을 삶의 중심을 위한 하느님으로 대체하는 것입니다. 이제 내세지향적인 구원은 이 세상에서 추구되는 구원에 자리를 양보할 것입니다. 그리고 이것은 인간의 약함이 아닌 강함을 위하여, 인간의 실패가 아닌 성취를 위하여 존재하게 됩니다. 그러나 동시에 인간은 자신의 경험을 통해 약하고 고난받는 하느님과의 일체감을 발견하게 될 것입니다. 비종교적인 기독교의 비전은 교회로 하여금 그리스도와 같은 존재가 되라고 하는, 남을 위해 사심을 버리며 봉사하며 사는 존재가 되라고 하는 하나의 도전인 것입니다. 본회퍼는 자신의 교회관과 사회관을 아래의 글에 함축적으로 담고 있습니다.

교회는 그것이 타인을 위해서 있을 때만 교회이다. 새로운 출발을 하기 위해서는 교회는 전 재산을 궁핍한 사람들에게 내주지 않으면 안 된다. 성직자는 교인의 자유로운 의사로 바치는 헌금에 의해서만, 경우에 따라서는 세속적 직업에 의해서 생활하지 않으면 안 된다. 교회는 인간의 사회생활의 세속적 과제를 지배하면서가 아니라, 도와주고 봉사함으로써 관여하지 않으면 안 된다. 교회는 모든 직업인들에게 그리스도와 함께 사는 것이 무엇이며, '타인을 위해서 존재한다는 것'이 무엇을 의미하는지를 말하지 않으면 안 된다. 특히 우리들의 교회는 오만의 죄, 권력 숭배의 죄, 시기와 환상주의의 죄에 대해서 그것을 모든 악의 근원으로 보고 저항하지 않으면 안 된다. 교회는 절제, 순수, 신뢰, 성실, 견인, 인내, 훈련, 겸허, 온화, 검소에 대해서 말하지 않으면 안 될 것이다. 교회는 인간의 모범(이것은 예수의 인간성에 그 근원을 가지고 있으며 바울에 있어서 매우 중요하다)의 의의를 가볍게 여겨서는 안 될 것이다. 교회의 말은 개념이 아니라 모범에 의해서 무게와 힘을 얻는다(신약성서에서의 모범에 대해서는 다시 쓰기로 하겠다. 이 이상은 오늘날 거의 전부 없어지고 말았다).(『디트리히 본회퍼의 옥중서간』)

지금까지 기독교 사상사에 있어서 중요한 네 사람의 사회관을 살펴보았습니다. 기독교 사회관이란 포괄적이고 추상적인 개념으로서, 시대와 학자에 따라 다르고 심지어는 기독교인 개개인에 따라 달라질 수 있는 개념입니다. 그러나 본회퍼의 사회관에서 보았듯이 기독교 사회관의 원천은 바로 예수 그리스도임을 알 수 있습니다. 예수 그리스도가 보여준 삶을 실천하기 위해 기독교인들은 하느님과 끊임없는 교통을 멈추지 말아야 한다고 본회퍼는 말하고 있습니다. 또한 그 자신 스스로가 나치 정권에 저항하다 순교함으로써 예수 그리스도의 제자 됨의 본보기를 보여주었습니다.

2. 유학과 명리학의 사회관

1) 유학의 사회관

공자의 활동 시기는 주나라가 몰락하고 그 휘하에 있던 제후 국가들이 발흥하던 춘추시대(B.C. 770-403) 말엽이었습니다. 당시는 이미 철기의 사용으로 농업 생산력과 전쟁 수행능력이 크게 증가되었으며, 이를 바탕으로 제후들은 전쟁을 통해 적극적으로 토지를 탈취하는 일이 빈번하게 일어났습니다. 이러한 사회적 혼란의 상황에서 공자는 예를 바탕으로 세워졌던 주나라를 이상사회로 삼아 사회 질서의 회복을 갈망하였습니다. 결국 그의 주된 관심은 구질서를 회복시키고 전통적인 귀족정치의 권위를 강화하는데 있었습니다.

이에 대한 해결책으로 공자가 내세운 최고의 가치는 바로 인(仁)이었습니다. 공자는 우주의 근원적 원리를 인간의 본성에서 찾고 이를 인이라 하였습니다. 인에 대한 공자의 여러 가지 견해를 종합해 보면 그것은 모든 덕목을 총괄한 인격의 표징임을 알 수 있습니다. 그러므로 인의 정치적 의미는 그 당시 정치적 주체인 군주가 먼저 인간다운 인간이 되어 정치의 객체인 백성을 덕화(德化)시킴으로써, 인류 전체의 생활을 원만한 이상에 도달케 하려는 지도이념이라고 할 수 있습니다. 공자는 인이 한 개인뿐만 아니라 군주가 지녀야할 최고의 덕목이라면, 가족 등의 내적인 관계에 있어서는 효제가 인을 실천하는 근본이 된다고 보았습니다.

> 부모에 효도하고 형제들과 우애 있는 사람이 윗사람을 범하기 좋아하는 사람은 적다. 윗사람을 범하기를 좋아하지 않으면서 세상을 어지럽히기를 좋아하는 사람이 있었던 적이 없다. 군자가 근본을 세우고자 애쓰므로, 근본을 세움으로써 그 길이 생긴다. 부모를 모시고 형제자매를 서로 위하는 일이야말로 인의 근본이 아니겠는가?(『논어』, 「학이」)

또한 공자는 외적 관계인 집단과 집단, 국가 간의 갈등은 충서(忠恕)의 원리를 이용해 해결을 시도했습니다. 공자는 "나의 도는 하나로 꿰뚫어 말할 수 있다."(『논어』, 「이인」)고 했는데, 제자인 증자는 "스승의 도는 충서일 따름이다."(『논어』, 「이인」)로 해석했습니다. 『중용』은 "충서는 도로부터 멀지 않다. 자기에게 베풀어 보아 원하지 않으면 역시 남에게 베풀지 말라."(『중용』, 제13장)고 정의합니다. 자기의 마음을 다하는 것을 충이라 하고 자기를 미루어 남에게 이르는 것을 서라 합니다. 즉 충은 인의 실천에서 있어서 수기(修己)이며, 서는 치인(治人)이 되는 것입니다. 즉 충서는 수양에 힘써 자신을 속이지 않는 인격을 쌓고 그것을 미루어 다른 사람에게까지 영향을 준다는 뜻으로, 유가의 최고 가치인 인을 행하는 자세를 가리킵니다.

공자의 사회관을 이해하는데 있어서 중요한 또 다른 개념은 바로 정명(正名)입니다. 제자인 자로가 공자에게 "위나라 왕이 선생님을 모시고 정치를 하려고 한다면 선생님께서는 무엇을 먼저 하시겠느냐?"고 묻자 공자는 "반드시 정명할 것이다."(『논어』, 「자로」)라고 대답합니다. 공자는 인간이 타자와의 생활을 영위하면서 사회적 관계와 부여된 직책에서 요구되는 역할을 올바로 구현할 때 비로소 정명이 이루어진다고 보았습니다. 사회적 존재로서의 인간은 각기 여러 개의 이름과 그 이름에 상응하는 직분이 있습니다. 한 개인은 가장으로서, 남편으로서, 그리고 조직에서는 간부 또는 부하로서 명(名)과 실(實)을 가지는데, 그 명과 실을 상부시키는 것이 중요합니다. 이렇게 명과 실을 상부하게 하는 것을 정명이라고 합니다.

즉 공자의 정명은 임금이 임금다운 노릇을 하며, 신하는 신하다운 노릇을 하며, 아비는 아비다운 노릇을 하며, 자식은 자식다운 노릇을 하는 것입니다. 공자가 정명을 중요시한 이유는 당시의 혼란한 사회에서 "명칭이 바르지 못하면 말이 순조롭지 않으며, 말이 믿음이 가지 않으면 일이 이뤄지지 않으며, 일이 이뤄지지 않으면 예악이 흥하지 않으며, 예악이 흥하지 않으면 형벌이 적절치 않으며, 형벌이 적절치 않으면 백성들은 손발을 편하게 둘 곳이 없게 된다."(『논어』, 「자로」)고 믿었기 때문입니다.

지금까지 공자 사상의 전개 과정을 살펴볼 때, 공자가 말하는 인애란 차별적 사랑, 즉 윗사람과 아랫사람의 구분이 명확한 가운데서 윗사람이 아랫사람들에게 인자한 마음으로 베푸는 사랑이라고 할 수 있습니다. 이처럼 유학의 인애 개념은 평등구조가 아니라 부(父), 군(君), 부(夫), 장(長)을 중심으로 하여 질서를 세우기 위한 사랑의 윤리가 되는 것입니다. 정명론 역시 지배자와 피지배자로 구분된 봉건사회의 질서를 그대로 인정하고 그 틀 안에서 각자의 이름에 걸맞게 살기를 종용합니다. 공자는 군주의 계도 아래 봉건 제후와 일반 백성들이 안정적으로 통치되는 주나라 사회질서로의 복귀를 꿈꿨습니다. 그것이 바로 공자가 말하는 대동사회의 본질인 것입니다. 이러한 그의 관점은 타고난 신분의 차이가 존재하는 기득권 중심의 수직적인 사회관입니다. 또한 이러한 사회는 명분이라는 이상으로 인해 현실의 목소리를 외면하고 고착시킬 수 있는 위험이 있었습니다. 무엇보다도 공자의 사회관은 정치중심적인 사회관이었습니다.

맹자는 공자가 죽은 약 백년 뒤인 전국시대(B.C. 403-221)에 태어나 공자의 사상을 이어받아 유학의 체계를 세운 인물입니다. 전국시대는 일곱 나라가 중국의 패권을 차지하기 위해 다투던 분열과 전쟁의 시대였습니다. 따라서 사회의 난맥상이 극에 달했던 시기로서 공자가 주나라로의 회귀라는 복고적 정치사상을 주장했다면, 맹자는 과거에 대한 부담 없이 앞으로 새롭게 성립되는 나라에 과연 어떠한 정치사상이 필요할까를 고민한 유학자라고 할 수 있습니다.

맹자는 "제후들이 군대를 데리고 다니면서 양식을 먹어서, 군대에 양식을 대느라 굶주린 자가 음식을 먹지 못하고 피곤한 자가 쉬지도 못하니 눈을 흘기며 서로 비방하다가 백성들은 악한 일을 하게 된다."(『맹자』, 「양혜왕하」), "백성들의 농사시기를 빼앗아 경작도 김도 못 매게 하니 부모를 봉양할 수 없어 부모가 추위에 얼고 굶주리며 형제와 처자는 사방으로 흩어진다."(『맹자』, 「양혜왕상」)고 하여 제후들의 영토 확장을 위한 무분별한 전쟁으로 인해 도탄에 빠진 백성들의 상황을 진단했습니다. 이에 맹자는 공자의 인 사상에 자신의 의를 접목시킨 인의(仁義) 사상을 자신의 사회관의 토대로 삼았습니다.

위나라 제후 양혜왕이 맹자에게 "선생님께서 천리를 마다하지 않고 오셨으니, 장차 우리나라에 이로움이 있지 않겠습니까?"(『맹자』, 「양혜왕상」)라고 말하자, 맹자는 단호하게 "왕께서는 어째서 나라의 이익을 말씀하십니까? 중요한 것은 오직 인의가 있을 뿐입니다."(『맹자』, 「양혜왕상」)라고 하여 백성의 통치에 있어서 그들의 마음을 얻으려면 인의가 통치의 근간이 되어야 함을 강조했습니다.

맹자가 인의를 통치의 도덕적 근거로 내세운 이유는 "어지면서(仁) 그 어버이를 버린 자가 없으며, 의(義)가 있으면서 그의 임금을 저버리는 자가 없는 법"(『맹자』, 「양혜왕상」)이기 때문인데, 반대로 각자가 이익을 위해 살아간다면 종국에는 나라도 위태로워질 수밖에 없다고 보았습니다. 그렇다면 맹자가 생각하는 인의는 무엇일까요? 맹자는 "인은 사람이 거하는 편안한 집이고, 의는 사람이 걸어가야 할 바른길"(『맹자』,「이루상」)이라고 정의합니다. 공자와 비교하면 인은 가족윤리인 효제에 가깝고 의는 사회 정의적 차원의 충서에 해당한다고 볼 수 있습니다. 이처럼 인간의 선함인 인의에 바탕을 둔 정치가 덕치이며, 이 덕치는 바로 맹자의 핵심사상 중의 하나인 왕도정치로 이어집니다. 왕도란 고대 성왕의 도를 말합니다. 즉 요·순·우·탕·문·무로 일컬어지는 옛 성왕들의 나라를 다스리던 방법으로 천자의 통치를 의미하지만, 맹자는 당시 사회에 비추어 반드시 천자, 즉 주 왕실을 의미하는 것은 아니었습니다. 그는 당시에 독립국을 선언하고 스스로 왕을 자칭하는 제후들의 정치를 계도하기 위하여 이 왕도라는 말을 사용했던 것입니다. 맹자는 왕도정치란 인의에 바탕을 둔 통치자의 내면으로부터 시작되는 정치로, 사람이 살고 죽고 장사지내는 일에 대해 걱정을 하지 않는 정치라고 하였습니다. 따라서 통치자가 하늘이 내려준 인의를 제대로 실행하지 않을 경우 백성들이 하늘의 뜻을 받아 통치자를 갈아치우는 역성혁명이 가능하다고 보았습니다.

제나라 선왕이 맹자에게 물었다. "탕 임금이 걸을 쫓아내고 무왕이 주를 정벌하였는데, 그런 일이 있었습니까?" 맹자가 그렇다고 답하자 선왕이 다시 물었다. "신하된 자가 자기 임금을 살해해도 괜찮습니까?" 맹자는 이렇게 대답하였다. "인을 해치는 자는 흉포하다고 하고 의를 해치는 자는 잔학하다고 하는데, 흉포하고 잔악한 인간은 한 평민에 지나지 않기에, 한 평민인 주를 죽였다는 말은 들었어도 임금을 살해했다는 말은 듣지 못했습니다."(『맹자』,「양혜왕하」)

순자는 맹자보다 50여 년 후에 태어난 전국시대의 사상가입니다. 순자가 살았던 전국시대는 정치적 구심점이 마련될 기미가 보이지 않은 채 제후국 간의 전쟁과 침탈이 일상화한 시기였습니다. 또한 전쟁의 양상도 대규모화되었으며 이에 따른 물적 뒷받침이 최우선시 되던 시대이기도 했습니다. 이처럼 순자가 살았던 전국시대는 혼란기로서, 도덕 가치는 무너지고 시대정신은 타락했으며 문화적 이상은 암담했습니다. 순자는 스스로를 공자의 계승자라고 자처했지만 시대 상황의 심각성에 대응하여, 앞선 시대의 공자나 맹자보다는 더욱 현실주의적인 유학 사상을 제시할 필요성을 절감하게 됩니다.

순자는 사회의 질서를 유지하기 위해서는 하늘의 소리를 들어야 한다는 공자와 맹자의 천인합일사상에서 벗어나 천인분리사상을 주장하였습니다. 비록 인간을 포함한 만물은 자연과 하늘을 통해서 생겨나지만 그것으로 역할을 다한 것이며, 이제는 인간이 그것을 완성시켜야 한다고 보았습니다. 순자는 "하늘은 만물을 낳을 수 있지만 만물을 변별할 수는 없으며, 땅은 사람을 실을 수 있으나 사람을 다스릴 수 없다."(『순자』, 「예론」)고 했습니다. 순자에게 있어서 하늘은 고정된 운행질서를 지니고 있는 자연으로 생산만을 담당할 뿐, 인간의 삶을 판단하고 분별하여 질서를 제시하는 존재는 아니라는 것입니다. 즉 인간은 하늘과는 무관한 존재이며 따라서 하늘로부터 특정한 성품을 부여받은 존재도 아닌 것입니다. 이러한 천인분리론을 통해 순자는 인간의 성품이 악하다는 성악설을 정립합니다.

순자의 사회관 역시 성악설로부터 출발합니다. 순자는 "인간은 나면서부터 이익을 좋아함으로 그대로 내버려두면 서로 쟁탈만 있게 되고 사양은 없게 된다. 나면서부터 미워하고 혐오하므로 그대로 내버려두면 서로 해치기만 하고 충성과 믿음은 없게 된다. 나면서부터 눈과 귀의 욕망이 있어서 아름다운 색깔과 고운 소리를 좋아하므로 그대로 내버려 두면 음란하게 되고 예의와 법규는 사라진다."(『순자』, 「성악」)고 하였습니다. 인간에게 주어진 재화는 유한한데 욕망은 무한대여서, 서로 간의 쟁탈이 일어나고 도덕과 윤리가 무너진 세상이 순자가 경험한 전국시대였습니다. 이러한 상황을 순자는 예로서 다스릴 것을 주장합니다.

그러므로 사람이 본성을 따르고 감정을 따르면 반드시 쟁탈하게 되어 분란을 일으키고 이치를 어지럽히는 상황에 부합하여 난폭함으로 귀결된다. 따라서 반드시 스승을 본받는 법으로 교화하고 예의를 가르친 후에야 비로소 사양의 덕이 나오고 문리에 부합하여 다스림으로 귀결된다.

이렇게 볼 때 사람의 본성은 악하다는 것이 분명하며 선하게 되는 것은 인위적인 것이다.(『순자』, 「성악」)

따라서 순자는 인간의 본성을 인위적으로 변화시켜 예를 이루려는 화성기위(化性起僞)를 주장합니다. 화성기위는 배움과 수양을 통한 후천적 성격 개조인 것입니다. 순자는 화성기위의 과정을 "조용하고 정성스러운 뜻이 없으면 빛나는 명예도 없고 정성껏 일하지 않는 사람은 뚜렷한 공을 이룰 수 없다. 갈라진 길을 동시에 가려는 사람은 도달할 수 없고 두 임금을 섬기는 사람은 누구에게도 용납될 수 없다. 눈은 두 곳을 명확하게 볼 수 없으며 귀는 두 가지 소리를 총명하게 들을 수 없다."(『순자』, 「근학」)는 말로 설명합니다. 또한 순자는 공자의 정명론을 받아들여 자신의 명분론을 전개합니다. 순자는 공자의 군군신신부부자자(君君臣臣父父子子)의 관계를 확대 적용하여 초상을 치르고 제사를 지내는 일, 제후가 천자를 뵙는 의식, 군대의 의례가 하나로 통하며, 사회적 상하의 신분, 사법제도의 적용, 정치 권한의 실천이 하나의 이치라고 주장합니다. 순자는 이 논리를 농부는 농부답고 선비는 선비다우며, 공인은 공인답고 상인은 상인다워야 한다고 하여 사회 전반에 대해 확대 적용하고 있습니다. 순자는 각각의 몫이 나누어져 있으며 분수에 맞는 행동이 사회에 질서와 조화를 가져와서 정치의 기반이 된다고 보았습니다. 또한 순자는 인간은 능동적 참여를 통해 천시의 변화와 토지의 자원을 개조할 수 있으며, 이에 합리적 사회질서를 건립할 수 있다고 보았습니다. 사회를 바라보는 현실적인 관점으로 인해 이상주의자였던 공자, 맹자와는 그 출발점이 다르지만 결국 왕도정치가 답이라는 동일한 결론에 도달했기에 순자 역시 유학의 사상가로 분류되는 것입니다.

성리학의 사회관은 다음과 같은 시대를 배경으로 성립되었습니다. 송나라 이전의 당나라 시대는 강력한 지방분권세력인 호족과 귀족, 절도사의 발호로 인해 중앙정부의 통제력이 미약했던 시기였습니다. 당나라의 주류 이데올로기는 불교였는데 불교는 유교적 사회질서에 대한 존중이 없었으며, 군웅이 할거하여 힘을 통해 권력을 차지하려는 만인 대 만인의 투쟁 상태를 종식시키는데 큰 관심을 두지 않았습니다. 따라서 당시의 시대적 요청은 무력이 도덕을 앞서는 혼란한 시대를 종식하고 강력한 중앙집권 정치를 통해 사회에 질서를 세우는 일이었으며, 거기에 합당한 국가지도이념으로 등장한 것이 바로 신유학인 성리학이었습니다.

송대의 학술 분야에서는 사회 혼란을 극복하고 사람이 지켜야할 도리를 회복하기 위해 새로운 변화를 추구하였습니다. 이러한 학술적 변화는 그동안 철학적 사유체계의 부재로 인하여 불교와 도교에 밀려왔던 유학을 부흥시키는 계기가 되었습니다. 따라서 학문적 뿌리를 선진유학에 두고 불교와 도교의 우주관과 철학적 사유체계를 과감하게 흡수하여 우주의 이치와 인간의 본성을 탐구하는 성리학이 탄생하게 됩니다. 성리학의 사회관은 선진

유학의 도덕 중심의 사회관과 크게 다르지 않으며, 선진유학의 사회관을 추상적인 형이상학을 통해 정당화, 체계화시킨 점이 큰 특징이라고 할 수 있습니다.

성리학의 이기론은 사회를 바라보는 관점에도 적용됩니다. 인간은 육체를 가지고 살면서 사회를 이룹니다. 그리고 인간과 사회를 규율할 법칙이 있어야 합니다. 주희는 자연 전체의 법칙인 태극이 모든 개체에 부여되어 있다고 봅니다. 인간은 리를 부여받아 사회가 추구하는 이상에 합당하게 행동하여 이상사회를 건설할 수 있는 가능성의 존재이기도 하지만, 기로 구성된 육체로 인해 사사로운 안위와 욕망에 사로잡혀 대의를 그르치는 존재이기도 합니다. 리가 기에 의해 제압당하면 사회는 개인의 욕망만을 추구하는 카오스의 세계가 펼쳐져서 그 사회는 만인 대 만인의 투쟁 상태가 됩니다.

따라서 성리학은 이상적인 사회공동체의 구현을 위하여 인을 강조합니다. 성리학의 덕은 지·인·용의 삼덕이나 인·의·예·지의 사덕, 또는 인·의·예·지·신의 오상입니다. 성리학자들은 이것이 모든 만물에 부여되었다고 믿으며 그중에서도 최고의 덕으로 인을 꼽습니다. 인은 사회 전체를 생각하는 도덕적 사랑입니다. 도덕률을 따르는 사랑을 하면 사회는 하나가 됩니다. 성리학자들이 보건데 도덕적 사랑만이 정의로운 것입니다 따라서 그들은 인의 가장 중요한 속성을 공정성이라고 봅니다. 인간은 마땅히 도덕률을 따라야 합니다. 도덕률에 따라 사는데 어떤 이유나 근거가 있을 수 없습니다. 도덕률은 하늘의 명령이기 때문입니다. 그렇다면 리에 해당하는 인을 어떤 방법을 통해 드러낼 수 있을까요? 성리학은 『대학』에 나오는 팔조목인 격물·치지·성의·정심·수신·제가·치국·평천하를 개인의 수양과 국가의 통치를 위한 행위 규범으로 삼습니다.

결론적으로 성리학에는 사회가 마땅히 있어야 할 이상적인 모습이 이미 존재합니다. 사회 역시 리에 의해 움직이는 우주의 일부이기 때문입니다. 그러나 이러한 본연지성이 기질지성으로 인해 가려지고 혼탁해져서 그 모습을 드러내지 못하는 것이 현실입니다. 따라서 사회에서의 리의 실현을 위해서는 개개인이 리를 구현해야 하며, 그런 과정을 통해 사회 전체가 리에 의해 구현되어야 함을 강조했습니다. 우주의 법칙인 리의 인이 주도권을 쥐고, 기인 사욕을 견제하는 긴장 관계가 성리학적 사회관의 골자인 것입니다.

2) 명리학의 사회관
(1) 명리학의 가족관

명리학의 사회관을 이해하려면 먼저 명리학의 가족관을 이해해야 하고, 따라서 사주팔자에 나타난 나와 가족 간의 관계로부터 출발해야 합니다. 유학의 사회사상이 개별적인 인간으로부터 시작해서 가족과 사회로 범위를 확장해 갔듯이, 명리학도 '나'라는 개인으로부터 가족과 사회로 나아가기 때문입니다. 단 유학과 명리학의 차이점은 유학이 보편적이고 추상적인 한 개인을 상정한다면, 명리학은 사주팔자 상에 나타난 구체적인 한 개인, 즉 일간(日干)으로부터 출발한다는 점이 다릅니다.

　명리학은 인간을 자연의 일부로 보아 인간이 탄생할 때 자연의 기가 인간에게 전달되며, 그때의 음양오행을 간지로 치환하여 각 오행간의 생극제화를 추론하는 학문입니다. 음양오행론은 자연계의 우주 만물을 생성, 변화하게 하는 근원이자 법칙으로 이해됩니다. 나아가 음양오행론은 자연계의 우주 만물만이 아니라 인간, 사회, 정치, 역사 등과 연관됨으로써 동아시아 사유의 중요한 틀로 구실하였습니다. 따라서 한 사람의 사주에 나타난 음양오행의 생극제화를 이해하기 위해서는 음양오행을 가족관계로 치환하는 작업이 필요합니다. 그렇게 치환된 관계를 육친(六親)·육신(六神)·십성(十星)이라고 부릅니다. 본 글에서는 가족관계를 가장 잘 표현하고 있다는 점에서 육친이라는 용어를 사용하고자 합니다.

　육친은 사주 주인공인 일간(日干)과 원국(原局)의 나머지 7자, 그리고 운에서 들어오는 글자와의 관계를 가려서 부모·형제·배우자·자식과 같은 혈연관계를 비롯하여, 사회적 지위·명예, 인간관계, 지식·기술, 의식주·재산, 권리·의무, 수명·건강 등 인간 생활에 필요한 제반 요소들을 해석하는 사주명리학의 핵심이자 꽃이라고 할 수 있습니다. 육친에는 비견(比肩)·겁재(劫財)·식신(食神)·상관(傷官)·편재(偏財)·정재(正財)·편관(偏官)·정관(正官)·편인(偏印)·정인(正印) 등 열 가지가 있습니다. 비견은 나와 음양과 오행이 같은 간지이고, 겁재는 나와 음양이 다르고 오행이 같은 간지입니다. 식신은 내가 생하고 음양이 같은 간지이고, 상관은 내가 생하나 음양이 다른 간지입니다. 편재는 내가 극하고 음양이 같은 간지이고, 정재는 내가 극하나 음양이 다른 간지입니다. 편관은 나를 극하고 음양이 같은 간지이고, 정관은 나를 극하며 음양이 다른 간지입니다. 편인은 나를 생하고 음양이 같은 간지이고, 정인은 나를 생하나 음양이 다른 간지입니다. 육친을 그 특성에 따라 각기 둘씩 묶으면 비겁(比劫)·식상(食傷)·재성(財星)·관성(官星)·인성(印星) 다섯 가지가 됩니다.

일간인 나를 중심으로 그 관계를 배열하면 나(일간)-비겁-식상-재성-관성-인성이 됩니다. 즉 내가 갑목(甲木)이면 비겁은 목(甲·寅, 乙·卯), 식상은 화(丙·巳, 丁·午), 재성은 토(戊·辰·戌, 己·丑·未), 관성은 금(庚·申, 辛·酉), 인성은 수(壬·亥, 癸·子)입니다. 나(일간)-비겁-식상-재성-관성-인성은 나를 중심으로 하여 차례대로 생하는 관계이며, 하나를 건너뛰면 극하는 관계가 됩니다. 이것을 가족관계에 적용하면, 사주팔자 상에서 갑목(甲木)인 내가 남자인 경우, 나와 같은 목(甲·寅, 乙·卯)은 형제·자매·친구·동료·경쟁자 등이 되며, 내가 생하는 화(丙·巳, 丁·午)는 식상으로, 나의 활동·생산물 등이 되고, 내가 극하는 토(戊·辰·戌, 己·丑·未)는 재성으로, 재물·처·활동무대 등이 되며, 나를 극하는 금(庚·申, 辛·酉)은 자식·직장·공공기관 등이 되고 나를 생하는 수(壬·亥, 癸·子)는 인성으로, 어머니·공부·자격증 등이 됩니다. 반면 내가 여자인 경우 내가 생하는 식상이 자식이 되고 나를 극하는 관성이 남편이 됩니다.

육친표

육친\일간	비견	겁재	식신	상관	편재	정재	편관	정관	편인	정인
갑	갑/인	을/묘	병/사	정/오	무/진술	기/축미	경/신	신/유	임/해	계/자
을	을/묘	갑/인	정/오	병/사	기/축미	무/진술	신/유	경/신	계/자	임/해
병	병/사	정/오	무/진술	기/축미	경/신	신/유	임/해	계/자	갑/인	을/묘
정	정/오	병/사	기/축미	무/진술	신/유	경/신	계/자	임/해	을/인	갑/묘
무	무/진술	기/축미	경/신	신/유	임/해	계/자	갑/인	을/묘	병/사	정/오
기	기/축미	무/진술	신/유	경/신	계/자	임/해	을/묘	갑/인	정/오	병/사
경	경/신	신/유	임/해	계/자	갑/인	을/묘	병/사	정/오	무/진술	기/축미
신	신/유	경/신	계/자	임/해	을/묘	갑/인	정/오	병/사	기/진술	무/축미
임	임/해	계/자	갑/인	을/묘	병/사	정/오	무/진술	기/축미	경/신	신/유
계	계/자	임/해	을/묘	갑/인	정/오	병/사	기/축미	무/진술	신/유	경/신

부부와 자식들 간의 관계를 육친으로 예를 든다면, 갑목(甲木) 남자인 내가 극하는 재성인 토가 아내가 되지만, 아내가 생하는 금이 나의 자식이고

그 금은 나를 극하는 관성이 되는 것입니다. 그것을 자식의 입장에서 바라보면 아버지는 자식에게 재성이 됩니다. 또한 갑목인 나를 생해주는 수가 어머니인 인성이 되지만, 수인 어머니와 토인 아내와의 관계는 아내가 관이 되어 어머니를 극하는 관계가 됩니다. 따라서 시어머니는 결코 며느리를 극할 수 없으며, 따라서 가정의 평화를 위해서는 시어머니가 물러서야 한다는 것이 명리학의 관점인 것입니다. 이러한 방식을 통해 명리학은 원가족 뿐만 아니라 모든 친인척을 육친을 사용하여 표현할 수 있게 됩니다. 명리학에서는 이러한 가족관계가 확장되어 사회관계까지 설명하게 됩니다.

여기까지만 보더라도 유학에서 말하는 가족관과 명리학에서 말하는 가족관은 큰 차이가 있음을 알 수 있습니다. 가령 아버지는 아들을 사랑하고 아들은 아버지를 잘 섬김으로써 진정한 부자간의 도리가 있다는 맹자의 부자유친은 부자간의 이상적 관계를 그려내고 있지만, 명리학에서는 자식이 아버지에게 관청과 같은 존재이기 때문에 자식은 아버지를 생존의 전쟁터로 몰아내어 자신들을 돌보게 하는 것이 현실적인 역할이라고 말합니다.

이러한 차이점은 두 사상의 인간관의 차이에서 기인합니다. 유학이 추상적인 개인으로부터 출발하여 사회에 관한 거시적이고 이상적이며 명분 위주의 관점을 제시하는 반면, 명리학은 구체적인 한 개인이 사회에서 어느 정도를 성취할 것인가를 가늠하는 미시적이고 현실적인 이익의 관점에 서 있기 때문입니다. 이것은 마치 축구시합에서 경기가 시작되기 전에 두 팀이 선수라는 이름에 어울리는 페어플레이를 다짐하지만, 실제 경기가 시작되면 승리를 위해 상대 선수를 해치는 거친 반칙도 서슴지 않는 모습과도 유사합니다. 따라서 유학이 제시하는 사회관이 고대 중국의 도덕론이자 명분론이었다면, 명리학적 사회관은 개인의 생존을 위해 요청되었던 이익 위주의 현실주의적 사회관이었습니다. 따라서 명리학이 사회에서 지향하는 바는 남들보다 더 잘 먹고 잘 사는 방법을 찾아내는데 있었습니다. 당시 이러한 욕구에 대한 현실적인 해결방안은 재물을 많이 쌓거나 관직에 나아가 권력과 부를 한 번에 누리는 것이었습니다. 따라서 명리학적 사회관은 철저히 재물과 관직을 중시하는 재관 중심의 사회관이 됩니다. 이러한 재관중심의 사회관은 중국뿐만 아니라 한국과 일본 등, 동아시아를 아우르는 중심적인 가치관으로 자리 잡았습니다.

(2) 명리학의 사회관

특수한 한 개인의 운명에 대한 분석에서 출발한 명리학은 명주가 현실 사회에서 얼마나 많은 것을 성취할 수 있는가에 초점을 맞추고 있습니다. 『연해자평』에서는 "일간을 주인으로 삼고 오직 재관을 논한다."(『연해자평』, 「설요첩치현묘결」)고 하여 재성과 관성을 살피는 것이 사주 간명에 있어서 가장 중요한 요소임을 밝히고 있습니다. 사회적인 차원에서 재성은 금전과 재화라고 볼 수 있으며, 관성의 사회적 차원은 나를 극하는 국가와 그 조직, 그리고 국가의 권력을 집행하는 관리들을 포함합니다. 또한 명주가 국가에서 차지할 수 있는 관직도 포함되어 있습니다. 이처럼 명리학의 사회관은 재성과 관성 중심의 현실주의적 사회관입니다. 명리학은 세속적인 가치를 중요시하기 때문에 관성과 재성을 논의의 주된 과제로 삼았습니다. 그리고 고대 중국에서는 관 본위의 문화였으므로 관을 재보다 더 중시하고 귀하게 여겼습니다.

이러한 풍토는 중국 최초의 통일국가인 진나라가 관료제도가 뿌리 깊게 내린 나라였다는 것에 기인합니다. 또한 개인의 입장에서는 국가 조직에서 일하는 것을 최고의 출세로 여겼다는 점에서 그 이유를 찾을 수 있습니다. 이와 같이 중국의 관료주의가 백성들에게 주는 무게감은 어마어마한 것이었습니다. 고대 중국에서는 선비가 열심히 공부하여 과거에 급제하고 관직을 얻는 것이 최고의 성공이요 영광이었습니다. 명리학에서도 과거를 중시하였고, 더 나아가 높은 관직을 얻어 조정의 복도를 거니는 것을 최고의 가치로 여겼습니다.

중국인이 전통적으로 관리가 되는 것을 매우 중시한 것은 유학의 윤리와 정치 학설이 가르치는 수신제가치국평천하라는 큰 도리를 숭상했기 때문만은 아닙니다. 과거제도 등 학문을 수단으로 하여 봉급을 받는 관리가 되는 일을 격려했기 때문입니다. 더 근본적인 이유는 관료정치가 현직관리 및 관리 지망자들과 퇴직자들에게 다양한 사회적, 경제적 이익과 여러 특권을 주었기 때문입니다. 이처럼 중국 역사의 저변에 놓여 있는 관직에 대한 태도는 명리학의 지향점과 일치한다고 볼 수 있습니다.

명리학에서 관성 다음으로 중요시 여기는 것이 바로 재성입니다. 명리학자 김성태는 "재란 재주와 능력을 말하니 뛰어난 사람이라는 뜻이다. 명리에서는 재를 단순히 재물이라고 여기지 않고 능력이라 말한다는 사실을 잊지 말아야 한다. 재물이라는 뜻보다는 사용가치를 따져 버릴 것과 취할 것을 가리는 판단 능력이라고 표현하는 것이 정확할 듯하다. 관이 지위적 권한이라면 재는 의식주적 권한이라고 할 수 있다. 무기가 발달하기 이전에는 관이란 존재하지 않았을 것이다. 지위의 높낮이로 권한을 행사하는 것이 아니라 의식주 생활에 필요한 생존권을 쥔 재의 권한이 힘으로 작용했을 것이기 때문이다. 지금도 생존문제가 시급한 사람에게 재는 권력의 상징이다."(『육신-세상은 누구의 것인가』)라고 하여 재가 관보다 더 근원적이며 관의 근거가 됨을 밝히고 있습니다. 이러한 점은 개인의 의식 발전과정과도 일치하는데, 먹고 살기에 급급해서 관심이 온통 재물의 획득에 쏠리게 되면 명예나 지위는 부차적인 문제가 됩니다. 그러나 어느 정도 재물이 쌓이게 되면, 어떤 이는 그 재물을 바탕으로 명예나 지위를 추구하게 됩니다. 따라서 관은 저절로 생기는 것이 아니라 재가 관을 생하는 방식을 취하게 되는 것입니다.

따라서 현대는 관성 중심의 사회라기보다는 재성 중심의 사회라고 말하는 것이 더 합당합니다. 그러나 한국인의 무의식에 깊게 자리 잡은 관을 중요시하는 유학적이고 명리학적인 사회관은 지금에도 큰 영향력을 발휘하고 있어, 공(公)자가 들어가는 조직에 들어가기 위한 취업준비생들의 숫자가 어마어마함을 알 수 있습니다. 이처럼 명리학은 알게 모르게 한국인의 삶 속에 깊숙이 자리하고 있으며, 이러한 재관중심의 현실주의적 사회관은 앞으로도 큰 호소력을 지닐 것으로 예측됩니다.

3. 기독교와 명리학의 사회관 비교

　　기독교의 사회관은 예수로부터 비롯합니다. 하느님에 의해 죄악이 가득 찬 세상에 보내진 예수는 사랑을 통해 세상을 변화시켜야 할 임무를 부여받았습니다. 예수의 사랑은 모든 인간에 대한 차별이 없는 사랑이기도 했지만 한편 어려움에 놓인 사람들, 즉 사회적 약자인 고아와 과부, 이방인 등 사각지대에 놓인 사람들에 대한 우선적인 사랑이기도 했습니다. 그리고 이 사랑은 관념적인 차원의 사랑이 아니라 사회를 움직여 정의를 실현케 하는 사랑이었습니다. 이러한 예수의 사상은 예수가 죽은 후 교회가 성립됨으로 인해 새로운 국면을 맞게 됩니다. 기독교의 대표적인 초대교부인 어거스틴은 자신의 사회관의 초점을 국가관에 맞추고, 교회와 국가의 관계를 어떻게 정립할 것인가에 심혈을 기울였습니다. 그러나 세속에 뿌리를 내린 지상 권력인 국가와 자신의 뿌리를 하느님 나라에 두고 있다고 믿는 교회와의 갈등은 필연적이었습니다. 서로가 처해있는 시간과 공간도 겹치고 구성원도 겹치는 상황에서, 어거스틴은 교회와 국가라는 사회가 때로는 협력하며 때로는 갈등에 빠질 수밖에 없는 관계임을 규명하고자 했습니다.

종교 개혁의 주도자인 칼빈은 어거스틴과 마찬가지로 이 지상에는 두 종류의 정부가 있다고 보았습니다. 그러나 칼빈은 중세 최고의 권력이었던 가톨릭교회와 거리를 두기 위해 어거스틴보다는 상대적으로 국가에 대해 긍정적인 의미를 부여했습니다. 새롭게 등장한 근대국가가 개혁교회를 위하여 유용한 역할을 할 수 있다고 판단했기 때문입니다. 그러나 군주가 폭정으로 치닫는 경우 칼빈은 기독교인들이 저항할 수 있음을 명시하였습니다. 나치 치하의 본회퍼는 자신이 살고 있는 20세기 유럽을 성숙한 사회로 규정지었습니다. 성숙한 사회에서 전통적인 종교로서의 기독교는 이제 의미가 없으며, 기독교는 비종교적인 기독교가 되어 교회를 벗어나 세상을 무대로 활동해야 한다고 주장했습니다. 교회가 교회를 위해서 존립하는 것이 아니라 교회가 인간과 세상을 위해서 존재하는 시기가 도래했다고 본 것입니다. 각 사상가들의 시대적 배경은 다르지만 이들이 추구한 기독교 사회관은 예수 그리스도의 복음을 이 사회 속에서 어떻게 실현할 것인가에 모아지고 있습니다.

춘추전국시대의 혼란한 사회를 배경으로 탄생한 유학의 사회관은 과연 어떠한 방법을 통해 사회의 안정을 이룰 것인가가 그 핵심이었습니다. 공자와 맹자, 순자는 자신의 사회관을 인간 본성에 대한 이해로부터 출발시킵니다. 이에 공자, 맹자가 그 입장을 같이하고 순자가 다른 입장을 취하고 있습니다. 공자와 맹자 모두 인간의 본성은 선하다는 전제에서 출발합니다. 공자는 인간의 본성을 인이라고 보았습니다. 인은 가족에서 사회로, 위로부터 아래로의 차등적인 사랑을 의미합니다. 또한 공자는 정명사상을 통해 자신에게 부여된 명에 맞게 직분을 수행하는 것이 사회의 안정을 가져오는 일이라고 하였습니다. 공자는 봉건제도의 신분적 차별을 인정하였으며, 이러한 질서를 유지하기 위해 자신의 명분을 다하는 사회가 대동사회라고 보았습니다. 맹자는 인의를 주장했습니다. 맹자는 인간이 선하기는 하지만 그 본성을 쉽게 잃어버리기 때문에 교육과 수양이 필요하며, 통치자는 인의를 바탕으로 나라를 다스려야만 한다고 했습니다. 이것이 바로 왕도정치이며, 맹자는 통치자가 인의의 다스림을 포기할 경우 백성은 이에 반기를 들고 왕을 갈아치우는 것이 용납된다는 혁명사상을 전개하였습니다. 순자는 인간을 자신의 이익만을 추구하는 사악한 존재로 보았습니다. 이에 대해 인간의 본성을 인위적으로 변화시켜 예를 이루려는 화성기위를 주장합니다. 순자는 공자의 정명론을 전체 사회로 확장시켜 적용합니다. 이 세 사상가는 그 근거와 방법이 다르지만 결국 왕도정치를 지향하는 사회관을 지녔기에 선진유학자로 분류됩니다. 성리학의 사회관 역시 위의 세 유학자의 사회관과 대동소이함을 알 수 있습니다.

    이에 대해 명리학의 사회관은 거시적인 관점에서 사회를 바라본 기독교나 유학의 사회관과는 결을 달리합니다. 명리학은 구체적인 욕망을 실현하려는 '나'라는 개인으로부터 출발합니다. 명리학은 가족관계를 규정하는 육친으로부터 출발하여 이것을 사회관계로 확장시킵니다. 현 체제를 긍정하는 명리학은 그 체제 안에서 한 개인의 부귀영화가 어떻게 가능한가라는 미시적인 관점에서 길흉화복을 논합니다. 현실사회에서 가장 가치 있는 것은 무엇인가라는 질문에 명리학은 재성과 관성이라고 답합니다.

   사실 기독교와 유학, 그리고 명리학이 가지고 있는 사회관은 너무 이질적이어서 공통점은 찾아보기 어렵습니다. 그것은 자신들의 사회관을 세우는 출발점 자체가 다르기 때문입니다. 다만 거시적이고 통시적인 사회관을 바탕으로 공동선을 추구한다는 점에서 기독교와 유학은 공통점이 있으며, 현세적인 지향을 가지고 있다는 점에서 유학과 명리학이 공통점을 지니고 있습니다. 그러나 기독교와 명리학의 사회관은 공통되는 부분이 거의 없음을 알 수 있습니다.

4장 기독교와 명리학의 운명관 비교

예정론은 내세의 구원이, 운명론은 현세에서의 길흉화복이 가장 큰 관심사입니다. 이것이 두 이론의 차이점입니다. 그렇다면 이 두 이론의 공통점은 무엇일까요? 인간의 삶은 인간 스스로가 결정하는 것이 아니라는 점입니다. 각각 하느님과 자연에 의해 결정됩니다. 이 두 요소는 모두 외부의 작용이며 따라서 인간의 자기 결정권은 매우 협소할 수밖에 없다는 것이 두 이론의 공통점입니다.

서양에 신이 있다면 동양에는 하늘이 있습니다. 현재 서양을 대표하는 종교는 기독교이며 기독교는 신의 섭리를 믿는 종교입니다. 신의 섭리가 우주와 세계, 개인의 삶까지 관장한다고 믿습니다. 신약시대의 사도인 바울은 신이 개인의 운명마저 좌우하고 있음을 다음과 같이 말하고 있습니다. "사람이 무엇이기에 감히 하느님께 따지고 드는 것입니까? 만들어진 물건이 만든 사람한테 "왜 나를 이렇게 만들었소?" 하고 말할 수 있겠습니까? 옹기장이가 같은 진흙덩이를 가지고 하나는 귀하게 쓸 그릇을 만들고 하나는 천하게 쓸 그릇을 만들어낼 권리가 없겠습니까?"(로마 9:20-21) 이처럼 한낱 피조물인 인간이 감히 창조주인 신에게 자신의 존재에 대해 따질 수 없다는 것, 이것은 기독교의 밑바탕에 깔려있는 강력한 사상 가운데 하나입니다.

신이 인간의 운명을 관장하고 인간의 운명은 예정되어 있다고 주장하는 교리를 예정론이라고 합니다. 예정론은 어거스틴으로부터 발전하게 됩니다. 그는 초기에 운명론을 주장하는 마니교에 대항하여 인간의 자유의지를 강조했으나, 인간이 자유의지로 구원을 선택한다는 펠라기우스(Pelagius, 360?-420)와의 논쟁을 통해 자유의지에 대한 견해를 바꿔 "오직 하느님의 예정에 의해서만 구원이 주어진다."고 주장하게 됩니다. 종교개혁자 중에서 예정론을 신봉한 칼빈은 어거스틴의 입장을 더욱 강화하였습니다. 칼빈의 예정론은 어떠한 세속적인 방법도 구원의 발생에 있어서 유용하지 않다고 봅니다. 구원은 인간의 노력이 아니라 오직 신으로부터 오는데, 그의 영원한 뜻은 전혀 알려져 있지 않다는 것이 칼빈의 주장이었습니다. 칼빈은 예정론을 무서운 교리로 인정하면서, 인류는 동일한 운명을 가지도록 창조되지 않았고 태어나기 전부터 어떤 자는 영원한 생명에, 어떤 자는 영원한 멸망에 각각 예정되었다고 합니다. 즉 하느님이 구원과 멸망을 각각 예정하셨다는 선택과 유기의 이중예정설 및 무조건적 예정설을 강조한 것입니다. 본 장에서는 기독교 예정론의 이해를 위해서 어거스틴, 칼빈의 예정론과 현대 신학자 중에서 예정론에 대해 관심을 기울인 바르트의 예정론에 대하여 알아보고자 합니다.

동양에서는 하늘이 모든 것을 관장한다고 믿었습니다. 고대 바빌론과 이집트의 중근동문화를 모태로 한 서양이 처음부터 신에 대한 이야기를 만들고 펼치면서 자신들 고유의 신론과 세계관을 만들어간 것에 대해, 황하문명을 일으킨 동아시아의 고대 중국은 지고한 하늘을 외경과 최고의 주재자로 삼는 세계관을 발달시켰고, 이 세계관이 동아시아문화권에 광범위하게 전승되어 왔습니다.

이처럼 동양에서는 우주의 운행뿐만 아니라 개별적인 인간의 운명까지 좌우하는 절대적인 존재가 바로 하늘인 것입니다. 유학의 삼대 경전 중의 하나인 『서경』은 "지금 하늘은 현명한 사람을 명하고 길흉을 명하며 긴 역사가 이루어지도록 명한다."(『서경』, 「주서」)고 하여 인간의 운명에 대한 주권이 하늘에 있음을 말하고 있습니다. 또한 공자도 "명을 알지 못하면 군자가 될 수 없다."(『논어』, 「요왈」), "삶과 죽음에는 명이 있고 부귀는 하늘에 달려 있다."(『논어』, 「안연」)고 하여 하늘이 인간의 운명을 결정하고 있음을 강조합니다.

이러한 유학의 운명사상은 명리학의 운명관에도 계승되었는데 유력한 명리서인 『연해자평』은 "사람은 천지의 기운을 타고 나니 명은 음양에 속하고, 사람은 하늘이 덮고 땅이 실은 그 가운데 살고 있으니 모든 것이 오행 가운데 있다."(『연해자평』, 「계선편」)고 하여 유학의 운명 사상을 수용하고 있습니다. 『적천수』 역시 "명중에 천지인 삼원의 이치가 모두 여기에 있는 것이다."(『적천수』, 「천도」)라고 하여 명리학의 운명 사상이 유학의 그것과 다르지 않음을 밝히고 있습니다. 즉 동양에서 서양의 신의 역할에 해당하는 것이 하늘인 것입니다. 동양과 서양을 막론하고 우주의 운행과 사람의 운명을 관장하는 존재에 대해 설명하고자 하는 열망과 탐구는 각각 신과 하늘이라는 개념을 정립하게 된 것입니다. 이에 본 글은 서양의 신이 관장하는 '예정'과 동양의 하늘이 관장하는 '운명'의 내용을 비교하여, 그 공통점과 차이점을 알아보고 두 개념의 관계를 정립해 보고자 합니다.

1. 기독교의 예정론

1) 어거스틴의 예정론

기독교의 예정론은 성서의 저변에 흐르는 강력한 주장이며, 특히 신약시대의 사도 바울의 서신을 통해 자주 드러나는 주제입니다. 사도 바울은 자신이 쓴 서신을 통해 예정론의 단초를 드러내고 있습니다. 사도 바울은 「로마서」 8장 29-30절에서 "하느님께서는 이미 오래전에 택하신 사람들이 당신의 아들과 같은 모습을 가지도록 미리 정하셨습니다. 그래서 그리스도는 모든 형제 중에 맏아들이 되셨습니다. 하느님께서는 미리 정하신 사람들을 불러주시고, 부르신 사람들을 당신과 올바른 관계에 놓아주시고, 당신과 올바른 관계를 가진 사람들을 영광스럽게 해 주셨습니다.", 또한 9장 16절에서 "하느님의 선택을 받고 안 받는 것은 인간의 의지나 노력에 달려있는 것이 아니라 오직 하느님의 자비에 달려있는 것입니다.", 9장 20절에서도 "사람이 무엇이기에 감히 하느님께 따지고 드는 것입니까? 만들어진 물건이 만든 사람한테 "왜 나를 이렇게 만들었소?"하고 말할 수 있겠습니까?"라고 하여 예정론이 하느님의 섭리임을 보여줍니다.

「요한복음」의 저자로 불리는 사도 요한(John the Apostle, AD 1세기경) 역시 자신이 기록한 복음서와 서신을 통해 예정론을 견지합니다. 사도 요한은 「요한복음」 17장 6절에서 "나는 아버지께서 세상 사람들 가운데서 뽑아, 내게 맡겨주신 이 사람들에게 아버지를 분명히 알려 주었습니다. 이 사람들은 본래 아버지의 사람들이었지만 내게 맡겨주셨습니다. 이 사람들은 과연 아버지의 말씀을 잘 지키었습니다.", 17장 12절에서는 "내가 이 사람들과 함께 있을 때에는 나에게 주신 아버지의 이름으로 내가 이 사람들을 지켰습니다. 그 동안에 오직 멸망할 운명에 놓인 자를 제외하고는 하나도 잃지 않았습니다. 하나를 잃은 것은 성경 말씀이 이루어지기 위한 것이었습니다."라고 예수의 입을 빌어 인간의 운명이 예정되어 있음을 말하고 있습니다. 사도 요한은 자신이 작성한 서신인 「요한일서」 2장 19절에서도 이미 어거스틴과 칼빈이 논한 선택과 유기의 단초를 보여주고 있습니다.

이처럼 성서에 빈번하게 등장하는 예정론의 내용은 초대 기독교의 교부인 어거스틴에 의해 체계화되었으며 칼빈에 이르러 정립됩니다. 예정론은 결국 인간의 구원에 관해 논한 교리인데, 인간의 구원이 과연 어떠한 방법을 통하여 이루어질 수 있는가가 어거스틴과 그를 반대하는 사람들의 쟁점 중의 하나였습니다. 당시 어거스틴에 반대했던 대표적인 인물이 펠라기우스였습니다. 그의 추종자들인 펠라기안은 창조의 선함과 창조주의 선함이 유지되어야 한다면, 아기들이 타고난 죄인이라는 것은 맞지 않는다고 주장합니다. 왜냐하면 아기들이 죄성을 지니고 있다면 그것은 오로지 선한 창조주의 책임이기 때문입니다. 그리하여 원죄라는 전제도 거짓이라고 주장합니다. 따라서 펠라기안은 행동할 능력도 없는 죄인들의 존재를 지지하는 것은 부당하다고 봅니다. 결국 부당한 신만이 원죄에 근거하여 아기들을 저주할 수 있을 것이라고 말합니다. 구원의 방법에 대해 어거스틴의 반대편에 섰던 펠라기우스는 하느님에 대한 믿음이 인간으로부터 비롯된 것으로 여깁니다. 그는 인간이 믿음을 가지고 이 세상에서 경건하고 바르게 사는 행위가 인간을 구원에 이르게 한다고 주장했습니다. 즉 구원에 있어서 행위의 중요성을 강조한 것입니다. 그러나 어거스틴은 구원이 믿음에서 오기는 하는데 더 나아가 믿음을 갖게 되는 것조차 하느님의 예정된 선택에 의한 것이고, 그 믿음을 가질 사람들이 정해져 있다는 것이 바로 어거스틴의 예정론의 골자인 것입니다.

어거스틴도 처음에는 행위를 통해 믿음을 갖고 그 믿음으로 구원을 받는다는 주장을 펼쳤으나, 그는 성서 연구를 통해 성서를 관통하는 하나의 큰 주제가 먼저 하느님이 개개인의 인간을 선택하는 은총이 있었고, 그 선택된 사람들이 하느님에 대한 믿음을 갖게 되며, 이렇게 예정된 선택에 대해 믿음으로 응답하는 사람들만이 구원에 이른다는 논지를 전개합니다.

그 사람들은 자기 공로로 뽑힌 것이 아니라 하느님의 은총으로 말미암아 뽑힌 것입니다. 만일 그들이 공로로 뽑힌 것이라면 그들의 은총은 은총이 아닐 것입니다.(로마 11:6), 모든 것을 뜻하신 대로 이루시는 하느님께서 당신의 계획에 따라 우리를 미리 정하시고 선택하셔서 그리스도를 믿게 하셨습니다.(에페 1:11), 우리를 그리스도와 함께 살게 하시려고 우리를 거룩하고 흠 없는 자가 되게 하셔서 당신 앞에 설 수 있게 하셨습니다. 여러분이 구원을 받은 것은 하느님의 은총을 입고 그리스도를 믿어서 된 것이지 여러분 자신의 힘으로 된 것은 아닙니다. 이 구원이야말로 하느님께서 주신 선물입니다. 이렇게 구원은 사람의 공로로 이루어지는 것이 아니기 때문에 아무도 자기 자랑을 할 수 없을 것 입니다.(에페 2:8), 너희가 나를 택한 것이 아니라 내가 너희를 택하여 내세운 것이다. 그러니 너희는 세상에 나아가 언제까지나 썩지 않을 열매를 맺어라.(요한 15:16) 등 다수

따라서 어거스틴은 선택이 은총에서 비롯된 것으로 생각하기에, 그의 은총교리는 예정교리의 기초를 이루고 있습니다. 그리하여 그는 주로 자신의 논문 「성도의 예정에 관하여」와 「견인의 은총에 관하여」를 통해 예정론을 전개합니다. 어거스틴은 「성도의 예정에 관하여」에서 "우리는 부르심을 받지 않았으면 의지할 수 없으므로, 그리고 우리를 부르심에 따라 우리가 의지하게 하므로, 하느님께서 우리에게 힘을 주셔서 부르시는 방향으로 우리를 인도하시고 달리게 하지 않는다면, 우리의 의지함과 달림으로는 충분하

지 못하다.", "하느님께서 자비를 베푸는 자는 하느님께서 선행(善行)을 할 수 있도록 하시며, 강퍅케 하는 자는 악행을 하도록 내버려 두신다. 그러나 그 자비는 선행(先行)적인 믿음의 공로에 따라 수여됨으로, 그 강퍅함도 선행(先行)적인 악함에 기인한다."고 하여 구원을 위한 선택이 하느님께 달려 있다고 말합니다. 따라서 예정은 철저히 개인적인 차원에서 일어나는데, 어거스틴과 칼빈이 주장한 예정론은 특정 인간의 삶에 대한 하느님의 밀접하고 배타적인 명령과 연관성을 갖는 경향이 있음을 알 수 있습니다.

어거스틴은 선택뿐만 아니라 믿음을 지속시키는 견인의 문제에도 예정론을 확장하여 적용하고 있습니다. 어거스틴은 「견인의 은총에 관하여」에서 "믿음의 시작과 믿음을 마지막까지 지켜주는 견인은 하느님의 선물"이며, "마지막의 견인마저도 우리를 하늘나라와 영광으로 예정하신 그 하느님을 제외하고서는 결코 주어지지 않는다는 사실이 불분명하다면 서슴없이 말해야 한다."고 주장합니다.

결코 바뀌거나 속일 수 없는 하느님의 예지하심에 따라 미래적인 일들을 이루어 가시는 순서는 절대적인데, 이것이 곧 바로 예정이다. 하느님께서 정결할 것으로 예지하시는 그 사람은, 본인으로는 불확실하게 여길지라도 정결하도록 행함으로써 정결하게 되며, 본인으로서는 불확실하게 여길지라도 하느님의 선물로 말미암아 자신이 어떠한 사람이 되어야 할 것을 간구하는 기도를 들으심으로써 그는 결코 실수 없이 정결한 사람이 된다.(『어거스틴의 은총론』)

어거스틴은 선택을 통한 믿음과 믿음을 지속시켜 성화에 이르는 견인의 주체, 즉 인간의 구원에 있어서 예정의 주체가 인간이 아니고 하느님임을 보여주고 있습니다. 결국 어거스틴은 사도 바울이 자신의 서신에서 말한 입장, "사람이 무엇이기에 감히 하느님께 따지고 드는 것입니까? 만들어진 물건이 만든 사람한테 "왜 나를 이렇게 만들었소?"하고 말할 수 있겠습니까? 옹기장이가 같은 진흙덩이를 가지고 하나는 귀하게 쓸 그릇을 만들고 하나는 천하게 쓸 그릇을 만들어낼 권리가 없겠습니까?"(로마 9:20-21)를 교리화했다고 볼 수 있습니다. 사도 바울이 자주 언급했으며 어거스틴이 정립한 예정론은 칼빈에 이르러 공고한 체계를 이루게 됩니다.

2) 칼빈의 예정론

어거스틴의 예정론에도 불구하고 중세의 가톨릭교회는 행위를 통한 구원 교리가 주류를 이루는 분위기였습니다. 한편 유럽의 종교개혁의 정신은 중세의 가톨릭이 아니라 초대 교부인 어거스틴의 사상으로 돌아가자는 주장도 포함하고 있습니다. 이런 흐름에 따라 종교 개혁자들은 어거스틴을 재조명하기 시작하였으며, 어거스틴의 입장을 따라 16세기의 종교개혁자들은 엄격한 예정론을 주장하게 됩니다. 그러나 시간이 흐를수록 대부분은 예정론을 포기했으나, 칼빈은 어거스틴의 예정설을 이어받아 확고한 이중예정론을 확립합니다.

칼빈의 예정론은 하느님 통치의 절대성에서 비롯됩니다. 하느님의 통치는 그의 신학뿐만 아니라 삶의 지배적인 원칙 중의 하나였습니다. 칼빈은 하느님이 삶의 주인이고 우주의 통치자이며 그의 의지가 인간 역사의 열쇠라고 믿었습니다. 그는 하느님이 자신의 목적을 달성하기 위해 외부의 어떠한 힘으로부터도 자유롭고 독립적이라고 보았습니다. 또한 하느님은 태초부터 끝을 알고 계시는 분으로 모든 피조물들을 창조하고 유지하고 다스리며 지시하십니다. 그리고 하느님의 경이로운 계획은 종말의 시점에 완벽하게 드러날 것으로 믿었습니다.

칼빈의 하느님의 절대 주권 사상에 기반을 둔 예정론은 많은 사람들의 관심을 불러 일으켰습니다. 어떤 이들은 예정론을 최후 구원의 불확실성이라는 측면 때문에 불안의 원천으로 여기기도 했으며, 다른 이들은 인간 자유와의 모순으로 인해 예정론을 받아들일 수 없다고 생각했습니다. 아이러니하게도 칼빈은 이 교리가 실천적인 측면에서 유익을 제공한다고 보았습니다. 칼빈은 예정론이 신앙인들에게는 달콤한 열매라고 주장했는데, 이는 신앙인들이 예정론을 받아들이는 것에 의해서만 진정한 위로와 구원의 확신을 얻을 수 있을 것이라고 믿었기 때문입니다.

어거스틴이 펠라기우스에 맞서서 예정론을 전개한 것처럼 칼빈 역시 당대의 반대자들에 대한 논박을 통해 자신의 예정론을 정립합니다. 칼빈의 반대자인 피기우스(Albert Pighius, 1490?-1542)는 하느님은 아무런 구별 없이 모든 사람을 구원하시며, 다만 사람이 구원을 받지 못하는 이유는 그 자신의 완고함이나 맹목성, 복음을 믿으려 하지 않는 거부에 기인하는 것이라고 보았습니다. 이에 대해 칼빈은 한 개인의 특성을 무시할 수 없으나 그럼에도 불구하고 그렇게 될 수밖에 없도록 이 모든 것에 앞서는 하느님의 영원한 계획이 있다고 주장했습니다.

칼빈은 『기독교강요』에서 예정론에 대해 "하느님께서 어떤 사람을 선택하신 이유는 인간적 차원에서는 찾을 수 없고 신적 차원에서 찾아야 한다. 하느님께서는 당신의 영원한 계획에 따라 인간의 운명을 결정하신다.", "하느님의 판단에 따라서 누가 예루살렘에서 태어나 더 나은 삶을 살도록 예정되어 있으며, 반면에 누가 지옥의 문턱인 소돔에 태어날 것인가는 또한 예정되어 있다."고 하여 각 개인의 구원이 태초부터 정해져 있음을 밝히고 있습니다. 또한 칼빈은 "하느님의 선택은 우리의 신앙의 근원이자 원인이며, 선택은 믿음에 앞서며 믿음에 의해 선택된다."고 하여 어거스틴의 예정론을 계승합니다. 이처럼 하느님의 의지는 예정론에 있어서 가장 궁극적인 근거가 됩니다.

"인간을 지으신 하느님은 똑같은 흙으로 사람을 지으셨고, 당신의 뜻에 따라 영광을 주실 자와 아니 주실 자를 구분하신다. 하느님께서는 똑같은 죄인 중에 어떤 사람은 그가 아직 태어나기도 전에 영원한 생명을 주기 위해 선택하셨으며, 또 다른 사람은 파멸에 빠지도록 그대로 내버려 두셨다."고 말한 칼빈은 선택과 유기의 이중예정론을 더욱 분명하게 주장합니다. 다시 말해서 하느님께서 누군가를 선택하셨다는 것은 누군가는 버려졌다는 것을 의미합니다. 선택은 분리이면서 거부이기 때문입니다. 즉 칼빈은 선택과 유기는 동전의 양면과도 같은 것이라고 말합니다.

나아가 칼빈은 예정론에서 그리스도의 역할에 대해 논함으로써 어거스틴의 예정론을 한층 발전시킵니다. 칼빈은 하느님의 자비와 인간의 비참함의 간극을 극복하는 자리로서 '그리스도 안에서'라는 문구에 주목합니다. 칼빈이 말하는 그리스도 안에서의 선택은 집단적 선택이 아니라 개별적 선택으로서, 그리스도의 지체로서의 선택을 의미합니다. 또한 신자들은 스스로가 그렇게 위대한 탁월성을 받을 수 없으므로 그리스도 안에서 선택되어 그 영원한 상속을 받았다고 생각하는 것이 마땅할 것이라고 하면서, 예정론에서의 그리스도의 중요성을 강조합니다. 즉 칼빈은 인간은 스스로 예수 그리스도를 믿을 수 없다고 믿었습니다.

칼빈에 의하면 선택의 주체는 삼위일체 하느님입니다. 이제 성부 하느님의 의지와 성자 예수 그리스도 안에서의 선택은 성령의 역할로 인해 마무리됩니다. 하느님은 택하신 자들 안에서 두 가지 방법으로 작용합니다. 내적으로는 성령을 통해서, 외적으로는 말씀을 통해서 합니다. 성령에 의해서 그들의 지성을 비추며 의를 함양하는 방향으로 사람들의 마음을 개조하여 그들을 새로운 창조물로 만듭니다. 이처럼 부르심은 말씀의 선포일 뿐만 아니라 또한 성령에 의한 조명인 것입니다. 칼빈은 『기독교강요』에서 자신의 예정론을 다음과 같이 정리하고 있습니다.

> 우리는 하느님의 영원한 섭리를 예정이라고 부르고 있다. 그분은 자신의 섭리에 의하여 각 사람의 운명을 결정하신다. 모든 사람은 똑같이 창조되지 않았다. 어떤 사람은 영원한 생명으로, 또 다른 어떤 사람은 영원한 저주에 처해지도록 창조되었다. 그러므로 어떤 사람이 이 중 하나의 운명으로 지워지게 될 때, 우리는 그가 영원한 생명 혹은 영원한 저주에 처해지게끔 예정되었다고 말한다. 성경이 확실히 선포하는 것과 같이 우리는 하느님이 그의 영원하시고 불변하신 계획에 따라 창세전부터 어떤 사람은 구원을 받도록, 또 어떤 사람은 멸망에 처해지도록 예정하셨다고 말한다. 선택된 자들에 관하여 이야기할 때, 우리는 하느님이 인간의 지위 여하에 따라 관계없이 그의 한량없으신 은혜로 말미암아 그들을 선택하셨다고 믿는다. 그러나 우리는 의롭고 공평하시지만 이해할 수 없는 심판에 의하여 저주에 넘겨진 자들에게 그분은 생명의 문을 닫아놓고 계시다는 이야기를 할 수 있다. 또한 우리는 선택자들이 받은 칭의도 역시 선택의 증거로 간주할 수 있다. 그러나 주께서 선택자들을 부르심과 칭의에 의해 그들에 대한 선택을 증명하시는 것과 마찬가지로, 유기된 자들에게 그의 이름을 가리우시고 성령의 능력을 차단하시므로 그들이 유기된 자임을 증명해 주신다.(『기독교강요』)

이처럼 칼빈의 예정론에서 예정의 궁극적인 원인은 하느님의 의지이고 그리스도와 성령의 사역을 통해 예정이 시행되는데, 삼위일체 하느님의 사역이 동시에 강조된 칼빈의 예정론은 삼위일체론적이라고 할 수 있습니다. 즉 칼빈은 어거스틴의 예정론을 좀 더 정교하게 다듬어 삼위일체가 협력하여 인간의 구원이라는 예정에 참여하고 있음을 보여주고자 했습니다.

신학자들이 교리를 만드는 근거는 성서입니다. 어거스틴과 칼빈도 예외는 아니었습니다. 어거스틴은 성서 연구 끝에 행위를 통해 구원을 받을 수 있다는 펠라기우스의 주장을 물리치고 예정론의 토대를 세웠습니다. 믿음조차도 선택된 예정에 의해 갖게 된다는 것이 어거스틴의 입장이었습니다. 또한 그 믿음을 지속시키는 견인의 은총도 하느님의 예정에 의해 가능하다고 보았습니다. 칼빈은 어거스틴의 이러한 교리를 좀 더 정교하게 다듬었습니다. 칼빈이 예정론을 가르친 것은 이 교리에 대한 개인적 편애로부터 나온 것이 아니었습니다. 그것은 성서로부터 수집된 것이었습니다. 예정론이 평판이 좋지 않은 이유는 성서의 가르침에 대해 사람들이 전적으로 복종할 만큼 준비가 되지 않았기 때문입니다.

결론적으로 칼빈의 예정론은 어거스틴의 예정론과 그 골자는 같으나 어거스틴의 이론을 좀 더 정교화해서 예정의 주체가 삼위일체 하느님이라는 교리를 내세웠습니다. 칼빈은 구원받을 사람의 선택에 있어서 하느님의 의지는 절대적이지만 하느님과 인간의 간격이 너무 크다는 점에 주목합니다.

따라서 칼빈은 「요한복음」 17장 6절에서 말하듯이 '본래는 아버지의 사람들이었지만 예수 그리스도에게 맡겨지는 과정'을 통해 예정이 더욱 공고해진다고 주장합니다. 그리고 칼빈은 어거스틴의 견인과 같은 맥락인, 성령에 의한 조명을 통해 각 개인의 구원은 완성된다고 보았습니다.

　어거스틴과 칼빈의 예정론은 인간의 구원에 관한 교리입니다. 인간이 죄와 죽음을 극복하여 영원한 생명을 얻느냐, 혹은 그렇지 못하느냐에 관한 교리인 것입니다. 그런데 우리는 이 예정론에 개인의 길흉화복을 논하는 명리학의 운명론적 요소가 포함하고 있음을 부인할 수 없습니다. 칼빈은 "사람의 운명이 각기 다른 것은 하느님의 알 수 없는 예정에 기인한다."고 믿었습니다. 칼빈은 더 나아가 "사도 바울에 관한 최선의 해석은 하느님께서는 당신의 자의에 따라, 또, 당신의 마땅한 권리로서 인간의 운명과 생사화복을 결정하신다."로 보았습니다. 또한 칼빈은 "인간을 지으신 하느님은 똑같은 흙으로 사람을 지으셨고, 당신의 뜻에 따라 영광을 주실 자와 아니 주실 자를 구분하신다. 하느님께서는 똑같은 죄인 중 어떤 사람은 그가 아직 태어나기도 전에 영원한 생명을 주기 위해 선택하셨으며 또 다른 사람은 파멸에 빠지도록 그대로 내버려 두셨다."고 하여 우리로 하여금 기독교의 예정론과 명리학의 운명론의 관련성에 대해 묻게 합니다.

3) 바르트의 예정론

현대 신학자 중에서 예정론에 관심을 가졌던 이는 바르트(Karl Barth, 1886-1968)입니다. 그는 19세기 자유주의 신학의 인간중심주의에 대해 하느님의 전적인 타자성을 강조함으로써 프로테스탄트 사상의 근본적인 변화를 주도했습니다. 19세기 자유주의 신학에서는 이성, 인간의 지혜, 인간의 사고 등이 중시되어, 성경의 해석 방법은 17세기의 정통주의 신학과는 거리를 두게 되었습니다. 이에 반하여 20세기 초반에 칼 바르트, 루돌프 불트만, 고가르텐을 중심으로 형성된 일련의 신학 운동을 우리는 변증법적 신학 혹은 신정통주의 신학이라고 부릅니다. 이 운동은 헤겔, 쉴라이에르마하의 영향을 벗어나지 못하고 있는 19세기 신학에 대한 극단적인 부정이었습니다. 이를 신정통주의 신학운동이라고 부르는데, 이 운동은 오로지 하느님의 말씀에 입각하여 기독교와 신학의 순수성을 회복하고자 하는 운동이었습니다.

바르트는 『교회교의학』(4), 「하느님에 관한 교의」 7장 '하느님 은혜의 선택'에서 예정론을 전개하고 있습니다. 바르트는 "하느님은 사랑일 뿐만 아니라 사랑함으로써, 그의 전 존재를 규정하는 사랑의 행위 안에서 선택한다. 선택에 의해서 하느님은 그의 인간들, 그의 인간 백성들 없이는 하느님이 되고자 하지 않으며 하느님이지도 않다."고 하여 인간을 선택하심이 하느님의 최우선적인 목적임을 밝히고 있습니다. 그리고 그 선택의 방법은 예수 그리스도의 이름 아래 백성을 불러내고, 예수 그리스도가 그 백성의 주님, 목자가 되게 하는 선택인 것입니다. 따라서 바르트에게 있어서 예정이란 하느님이 예수 그리스도 안에서 인간의 모든 죄를 감당하시고 인간에게 구원과 생명을 주기로 선택하신 사건, 곧 은혜의 선택을 뜻합니다. 따라서 모든 인간의 선택은 하느님에 의해 선택된 자인 예수 그리스도 안에 있습니다. 예수 그리스도는 모든 인간이 서야 할 그 자리에 '선택된 인간'인 동시에, 모든 인간을 '선택하는 하느님'이라는 이중적인 지위를 갖게 됩니다.

바르트 예정론의 특징을 이루는 근거로서의 예수 그리스도론은, 그 근거를 성서에서 찾은 전통적 예정론자인 어거스틴, 칼빈의 입장과는 다소 차이가 있습니다. 이것은 바르트의 예정론이 어거스틴, 칼빈의 것과는 상이한 방식으로 전개될 것을 의미합니다. 바르트 예정론의 또 다른 특징은 어거스틴, 칼빈의 예정론에 등장하지 않았던 공동체의 구원에 관한 언급이 등장한다는 것입니다. 바르트에게 있어서 공동체란 잠정적이고 특수한 방식으로 예수의 자연적이고 역사적인 환경을 이루는 인간의 공동 집단을 의미합니다. 대표적으로 하느님의 선택을 받은 공동체로서의 이스라엘과 교회가 있습니다. 따라서 바르트의 예정론에는 개인에 대한 선택과 공동체에 대한 선택의 문제가 포괄되어 있습니다. 바르트가 말하는 이스라엘 공동체와 교회 공동체는 상반된 성격을 지니고 있습니다. 바르트는 이스라엘이 하느님을 거역하고 그의 선택의 목적을 그르치게 된 것은 하느님의 계획에 의한 것이라고 봅니다. 바르트는 하느님이 교회를 통해 구원을 이룸으로써 실패로 끝난 유대인들의 구원이 이루어지도록 계획했다고 말합니다. 어거스틴, 칼빈의 예정론이 절대 주권을 가진 하느님의 각 개인에 대한 행사였다면, 바르트의 예정론은 개인에 앞서 공동체라는 중재자를 두어 예정을 실현한다는 것이 그 특징이라고 할 수 있습니다.

그렇다면 바르트의 예정론에서 개인의 구원을 어떻게 이해해야 할까요? 바르트는 최초의 인간인 아담의 타락, 곧 죄에 참여하고 있는 인간을 '개별자', '불경건한 자' 등으로 표현합니다. 아담은 자신의 권위와 권한을 하느님으로부터 받았는데, 그가 하느님에 대립해서 자신을 내세움으로써 그것을 잃게 됩니다. 결과적으로 아담은 이제 자신의 계획과 행위에 따라 개별자로서 멸망의 무리에 속하게 됩니다. 이 무리는 하느님에 대해 고립된 자들의 무리로서, 집단 내에서의 자신의 고유성을 지키거나 관철시킬 수 없는 존재입니다.

그런데 하느님의 공동체는 고립된 각 인간에게 그가 버림받는 것이 아니라 오히려 영원 전부터 예수 그리스도에 속해 있어서 그리스도 안에서 하느님에 의해 선택받았다는 것, 또한 그의 왜곡된 선택으로 인하여 마땅히 그가 받아야 할 버림은 예수 그리스도에 의해 담당되고 폐기되었다는 것, 따라서 그는 올바른 신적 선택으로 인하여 하느님과 함께하는 영원한 삶을 얻도록 선택되었다는 것을 증언합니다. 즉 바르트는 의지와 자유가 상실된 개별자, 즉 불경건한 자로 대표되는 버림받은 자들에게 복음이 선포되고 하느님의 은혜가 임하면서, 그들이 이미 창세전에 예수 그리스도 안에서 영광과 축복으로 예정되었다는 것을 인식할 수 있게 된다고 하였습니다. 바르트는 이 일이 공동체를 통해 이루어진다고 보았습니다.

바르트의 예정론이 어거스틴, 칼빈의 것과 다른 점은 후자가 성서에 근거를 두고 하느님의 절대적인 주권을 중요시한 반면, 바르트는 예수 그리스도가 선택의 주체라는 점입니다. 또한 바르트는 어거스틴, 칼빈에서는 전혀 언급되지 않은 교회로 대표되는 공동체의 개입과 중재를 매우 중요시합니다. 따라서 바르트의 예정론은 어거스틴, 칼빈의 것과는 그 성격이 상이함을 알 수 있습니다. 그리고 필자가 명리학의 운명론과 비교하고자 하는 기독교 예정론과는 다른 차원의 것입니다. 다만 현대 신학에서 바르트가 예정론을 심도 있게 다루었기에, 예정론이 현대에서 어떠한 방향으로 전개되었는가를 바르트를 통하여 간략하게 살펴보고자 하였습니다.

2. 유학과 명리학의 운명론

1) 유학의 운명론

인간은 예로부터 자신의 운명에 대해 깊은 관심을 기울여 왔습니다. 그리고 불확실한 미래에 대한 예측은 인류의 출발과 더불어 시작되었습니다. 그렇다면 고대 중국인들은 운명에 대해 어떤 이해를 지니고 있었을까요? 후한 때 허신(許慎, 30-124)이 편찬하여 중국 최초의 자전(字典)이라고 불리는 『설문해자』는 "명(命)은 시킨다는 뜻이며, 구(口)와 영(令)으로 구성된다."고 하여 명에 대한 정의를 내리고 있습니다. 즉 명은 입으로 명령한다는 의미를 지니고 있습니다. 그렇다면 명령을 내리는 주체는 누구일까요?

1993년도 곽점의 초묘에서 발굴된 죽간에는 "인간의 본성은 명으로부터 나오고 명은 하늘이 내리는 것이다."라고 하여 인간의 명을 정하는 주체를 하늘로 보고 있습니다. 또한 고대 은나라 시대의 유적지에서 출토된 갑골문자와 제기에 새겨진 글인 수명우천(受命于天), 즉 "하늘의 명령을 받아 제왕의 자리에 오른다."는 말을 통해 일찍이 은나라와 주나라 시대부터 인간의 운명이 하늘에 의해 결정된다는 정명사상이 존재했음을 알 수 있습니다. 이처럼 사람의 운명이 정해져 있다는 정명사상은 주나라 문화를 계승하고자 했던 공자를 중심으로 유가로 이어져 전개됩니다.

『서경』에서 "아, 내 삶은 명이 하늘에 있지 않은가?"라고 했듯이 고대 중국인들은 명을 사람의 힘으로 통제할 수 없고 예측하기 어려운 하늘의 작용이어서 왜 그런지 모르겠지만 지나고 나니 일이 그렇게 이루어지는, 즉 사람의 힘으로는 어쩔 수 없는 필연성의 범주에 속하는 것으로 이해했습니다. 인간에게 정해진 운명이 있다면 하늘이 정한다는 것이 고대 중국인들의 이해인데, 그렇다면 인간에게 명을 내리는 하늘을 어떻게 이해해야 할까요? 하늘에 대한 개념 역시 고정적이지 않고 시대에 따라 변천해왔음을 주목할 필요가 있습니다.

먼저 은나라 시대의 하늘은 아무런 목적의식 없이 자발적인 작용에 의하여 만물을 생성하는 존재가 아니었습니다. 오히려 길흉화복을 주재하고 심지어 생사여탈권까지 관장하는 주재천(主宰天)의 개념이라고 할 수 있습니다. 은대에는 절대 권위를 가진 상제가 모든 자연현상과 사회현상을 주재하는 것으로 인식되었습니다. 고전문헌에서 천명이라는 말은 『서경』에 처음 보이는데, "천명은 잘못한 것이 없다."고 하여 천명의 불편부당함에 대해 말하고 있습니다. 기원전 1122년에 주나라의 무왕은 은을 멸망시키고 춘추시대를 엽니다. 서주 시기의 하늘은 상제라는 의미도 남아 있지만 도덕의 근원이라는 뜻을 포함하고 있습니다. 하늘은 도덕을 지닌 인격화된 지상신으로서 절대 권위를 가지고 모든 일을 주재하므로, 도덕을 따르면 하늘로부터 반드시 상을 받고 도덕을 잃으면 하늘로부터 반드시 벌을 받는다고 믿었습니다.

(1) 선진유학의 정명론

공자의 운명관은 자신의 정치적 이상을 현실정치에서 실현하고자 했으나, "하늘이 나를 버리는구나. 하늘이 나를 버리는구나."(『논어』, 「선진」), "내가 잘못하였다면 하늘이 싫어할 것이다. 하늘이 싫어할 것이다."(『논어』, 「옹야」)라는 독백에서 보듯이 결국 실패로 끝난 그의 개인적인 경험과 밀접한 관계를 맺고 있습니다.

공자는 사마천의 『사기』에서 전하듯이 위편삼절을 할 정도로 40대 중반부터 『주역』 공부에 매진했습니다. "내게 수년이 더 있어 나이 오십에 주역을 배운다면 가히 큰 과오가 없을 것이다."(『논어』, 「술이」)라고 말했고, 마침내 나이 오십이 되어 천명을 깨우쳤다고 합니다. 그는 이때서야 비로소 삶에 대한 경험적 지식을 넘어 천명에 대한 초월적 지식, 즉 지천명의 새로운 지평을 체험할 수 있었습니다. 이런 영적 깨달음을 바탕으로 그는 『논어』에서 "천명을 모르면 군자일 수 없다."(『논어』, 「요왈」)고 했던 것입니다. 공자는 "군자에게는 세 가지 경외하는 것이 있으니 천명을 경외하고 대인을 경외하며 성인의 말씀을 경외한다. 소인은 천명을 모르므로 경외하지 않으며 대인을 모욕하고 성인의 말씀을 능멸한다."(『논어』, 「계씨」), "위로는 하늘을 원망하지 않고 아래로는 사람을 탓하지 않는다. 그러므로 군자는 평안히 거처하면서 천명을 기다리지만, 소인은 위험한 짓을 하면서 요행을 바란다."(『중용』, 제16장)고 하여 공자가 천명을 최고의 경외의 대상으로 삼았음을 알 수 있습니다.

유학이 중국사상사에서 비록 인본주의, 현세 중심주의, 합리주의, 그리고 수양과 도덕을 중시했던 학파일지라도 유학의 본령에는 인간, 도덕, 합리성 등의 개념만으로 한정 지을 수 없는 세계가 엄연히 존재합니다. 그것은 천명(天命)의 세계입니다. 천명은 인간과 자연의 세계를 초월한 것이며 동시에 인간의 생명과 인격성의 근원이고, 자연의 질서와 법칙을 주재하는 존재이기도 합니다. 또한 공자는 사람의 운명은 출생부터 선천적으로 이미 정해져 있는 까닭에 후천적인 의지와 노력으로 변경하기 어려운 것으로 인식하였습니다. "삶과 죽음에 명이 있고 부귀는 하늘에 달려 있다."(『논어』, 「안연」), "명이로다. 이 사람이 이런 병에 걸리다니."(『논어』, 「옹야」), "도가 장차 행해지는 것도 명이고 도가 장차 폐지되는 것도 명이다. 공백료 같은 자가 어찌 명을 알겠는가?"(『논어』, 「헌문」)라고 하여 자복경백이 공백료가 자로를 헐뜯는다고 하면서 공백료를 처벌하자고 공자에게 건의하자, 공자가 이렇게 대답한 것입니다.

공자의 운명에 대한 태도는 한마디로 후대 남송의 유학자인 호인의 진인사대천명에 잘 나타나 있습니다. 공자는 자신의 사상을 현실정치에서 펼쳐 보고 싶었던 열망이 있었습니다. 공자는 그런 기회와 장을 얻기 위해 최선을 다했습니다. 그러나 시간이 지날수록 이러한 자신의 이상과는 달리 그의 의지를 막아서는 벽과 같은 존재가 있음을 깨달게 되었습니다. 자신의 모든 것을 던진 극한의 지점에서 경험한 거부였기에, 이것은 인간이 아니라 하늘의 뜻임을 깨닫고 받아들이게 된 것입니다. 따라서 공자의 천명사상은 무엇보다도 공자 자신의 치열한 개인사를 통해 정립된 사상이라 볼 수 있습니다.

맹자는 공자의 천명사상을 이어받아 더욱 심화시켰습니다. 공자의 천명은 개인의 운명이라는 의미도 있지만, 동시에 개인을 초월하여 하늘과 인간 사이의 마땅한 관계를 의미하는 사명(使命)의 개념도 포함하고 있었습니다. 인간이라면 마땅히 이루어야 할 천명이 사명인데, 맹자는 "천명을 일러 성이라고 하고, 성을 따르는 것을 도라고 하며 도를 닦는 것을 교라고 한다."(『중용』, 제1장), "그 마음을 다하는 자는 본성을 알게 되고, 본성을 알게 되면 하늘을 알게 된다."(『맹자』, 「진심장구상」)고 하여 사명으로서의 천명을 강조하였습니다.

사명을 강조한 맹자의 천명사상은 "천하에 도가 있으면 소덕이 대덕에게 부림을 당하고 소현이 대현에게 부림을 당한다. 천하에 도가 없으면 작은 것이 큰 것에게 부림을 당하고 약한 것이 강한 것에게 부림을 당한다. 이 두 가지는 하늘의 이치니 하늘에 순응하는 자는 남지만 하늘을 거스르는 자는 망한다."(『맹자』, 「이루상」), "모든 것이 운명이 아닌 것은 없으니 바르게 살아서 그 정당함을 받을 수 있도록 해야 한다. 따라서 명을 아는 사람은 돌담 밑에 서지 않는다. 자기의 도리를 다하고 죽는 사람은 올바른 명에 죽는 것이다. 죄를 짓고 죽는 것은 정명이 아니다."(『맹자』, 「진심장구상」)라는 주장에서 잘 드러납니다. 따라서 맹자는 사명으로서의 천명을 깨달은 대인을 군자라고 칭했으며 그렇지 못한 자를 소인이라 불렀습니다.

> 공도자가 물었다. "다 같은 사람인데 어떤 사람은 대인이 되고 어떤 사람은 소인이 되는 까닭은 무엇입니까?" 맹자가 대답했다. "자기의 큰 몸을 따르면 대인이 되고 작은 몸을 따르면 소인이 된다." "다 같은 사람인데 어떤 사람은 자기의 큰 몸을 따르고 어떤 사람은 작은 몸을 따르는 것은 무슨 까닭입니까?" 맹자가 말했다. "귀와 눈 같은 감각 기관은 생각함이 없어서 바깥 사물에 가려지기 때문에, 바깥 사물이 여기에 닿으면 바깥 사물에 이끌려 버리고 만다. 그러나 마음의 사유기관은 생각하는 능력이 있으니 생각하면 본 모습을 얻고 생각하지 않으면 본 모습을 잃어버리고 만다. 이 두 가지는 하늘이 내게 준 것이다. 먼저 큰 것을 세워 놓으면 작은 것도 능히 빼앗기지 않는다. 이것이 오직 대인이 되는 길이다."(『맹자』, 「고자상」)

맹자에 의하면 군자는 사유기관을 따르는 사람이고 소인은 감각기관을 따르는 사람입니다. 군자와 소인의 차이는 선천적인 것이 아니며 후천적인 수양의 결과로 나타납니다. 맹자는 "측은지심·수오지심·공경지심·시비지심은 사람마다 다 지니고 있다. 측은지심은 인이요, 수오지심은 의요, 공경지심은 예요, 시비지심은 지이다. 인·의·예·지는 밖으로부터 나에게 주어지는 것이 아니라, 내가 본래 가지고 있는 것이지만 그것을 생각하지 않을 뿐이다. 그러므로 말하기를 '구하면 얻고 놓아두면 잃어버린다'고 하는 것이니, 혹은 선과 악이 두 배, 다섯 배로 멀어져 헤아릴 수 없게 된 것은 타고난 자질을 다하지 않았기 때문이다."(『맹자』, 「고자상」)라고 하여 인간이 본마음을 잃지 않도록 착한 성품을 기르는 존양(存養)을 중요하게 생각하였습니다.

그러나 맹자는 "사람이 어찌할 수 있는 일이 아니니 애써 하지 않아도 저절로 되는 것이 하늘의 일이고, 오라고 하지 않아도 오는 것이 명이다."(『맹자』, 「만장상」)라고 하여 천명을 운명으로 해석하는 부분도 등장합니다. 따라서 맹자의 천명사상에는 공자와 마찬가지로 하늘로부터 부여받은 덕성의 구현을 명으로 해석하는 입장과, 다른 하나는 인간의 능력을 벗어난 외적인 수명의 길고 짧음이나 화복이달과 같은 운명으로 해석하는 입장이 섞여 있음을 알 수 있습니다.

사명과 운명의 통합으로서의 천명은 아래와 같은 맹자의 언술에서 극적으로 표현됩니다. 어떤 사람이 겪어야 하는 고난이 그에게 있어서 표면적으로는 우연적인 운명의 장난에 불과한 것 같지만, 반면 그에게 고난을 강제하는 하늘의 입장에서 바라본다면 그를 한 사람의 군자로 키워내기 위한 치밀한 우주적 전략이기도 한 것입니다. 훗날 하늘이 그에게 내린 여러 시련을 통과하고 나서야 비로소 그는 자신에게서 사명과 운명의 통합인 천명이 이루어지게 됨을 자각하게 되는 것입니다.

> 하늘이 장차 어떤 사람에게 큰 임무를 맡기려 할 때는 반드시 먼저 그 마음과 뜻을 흔들어 고통스럽게 하고 뼈마디가 꺾어지는 고난을 당하게 하며 그의 몸을 굶주리게도 하고 그 생활을 빈궁에 빠뜨려 하는 일마다 어지럽게 한다. 이는 그의 마음을 움직여서 참을성을 길러주어 지금까지 할 수 없었던 일도 할 수 있게 함이다.(『맹자』, 「고자상」)

순자는 공자, 맹자와는 다른 하늘 개념을 지니고 있었습니다. 순자는 "하지 않아도 이루고, 구하지 않아도 얻는 것을 하늘의 직분이라 한다."(『순자』, 「천론」), "하늘의 운행은 항상 일정하니 요임금 때문에 존재하는 것도 아니요 걸왕 때문에 없어지는 것도 아니다. 잘 다스림으로써 이에 호응하면 길한 것이요 혼란으로써 이에 대응하면 흉한 것이다."(『순자』, 「천론」)라고 하여 순자에게 있어서 하늘은 인간에게 명을 부여하는 존재도 아니고 도덕의 원천도 아니었습니다. 순자에게 하늘이란 스스로의 의지와 이성의 작용이 없으며, 인간의 의지와는 별개로 스스로가 자신의 법칙을 가지고 일정한 궤도에 따라 기계적으로 움직이는 자연물에 불과한 존재였습니다. 이에 순자는 하늘과 인간은 그 직분이 다르다는 천인지분사상을 전개합니다.

> 그러므로 천과 사람의 구분을 명확하게 하면 곧 그를 지극한 사람이라 할 수 있다. 작위를 가하지 않아도 이루어지고 추구하지 않아도 얻어지는 것, 이것을 하늘의 직무라 한다. 모두가 그렇게 하여 이루어 놓은 것은 알지만 이루어 놓는 방법은 그 형체가 없어 알 수가 없다. 이러한 것을 두고 하늘의 공적이라 하는 것이다. 이와 같은 것은 비록 깊어도 그 사람은 그것을 우려하지 않고, 비록 크더라도 거기에 능력을 더하지 않으며, 비록 정밀하더라도 살핌을 더하지 않는다. 무릇 이것을 일러 하늘과 직분을 다투지 않는다는 것이다. 하늘에는 시기가 있고 땅에는 자원이 있으며 사람에게는 다스림이 있으니 무릇 이것을 일러 능참이라 한다.(『순자』, 「천론」)

인간은 하늘의 직무와 공적에 대해서 알 수 없습니다. 그것은 오로지 하늘의 몫입니다. 이와 마찬가지로 인간은 인간으로서의 몫이 있다는 것이 바로 순자의 생각입니다. 따라서 하늘과 사람은 각각의 직분이 있어서 서로 다툴 필요가 없으며, 다만 인간에게 필요한 것은 능참, 즉 능동적인 참여를 통해 자연을 다스리는 일만이 남겨져 있을 뿐이라고 순자는 말하고 있습니다.

순자는 길흉은 하늘이 아니라 사람에게 달린 것으로 보았습니다. 하늘에 대한 순자의 이러한 사상은 유가의 도덕의 원천으로서의 하늘을 거부하며, 하늘과 사람이 서로 감응하지 않는 별개의 존재로 보고 천인 관계에서 사람의 적극적인 참여를 주장합니다. 따라서 순자의 천명에 대한 이해는 하늘과 인간을 갑과 을의 관계로 보고 있는 공자, 맹자의 그것과는 달랐으며, 오히려 세상의 경영에 있어서 동등한 지분을 지닌 파트너와 같은 존재라고 보았습니다. 순자는 공자, 맹자에 비하여 인간의 능동적 역할을 더욱 강조했습니다.

(2) 동중서의 정명론

전한시대의 동중서의 유학사상은 천인감응론으로 대표됩니다. 그는 『춘추번로』를 통해 원시종교사회의 상제 중심의 천 관념에 철학적 이론을 결합시켜 천인감응론을 세웠습니다. 그의 이론은 천민 출신인 유방(劉邦, B.C. 256-195)이 무력으로 창업한 한나라의 정통성 확보와 통치이념의 수립 차원에서 나온 것입니다. 한 왕조는 동중서에 의해 수립된 음양오행론이 결합된 유가 사상을 통해 사상적 통일을 이루고 중앙집권제를 확립시켰습니다.

동중서는 "하늘은 만물의 조상이므로 만물은 하늘이 아니면 살 수 없다."(『춘추번로』, 「순명」), "하늘이 이미 사람을 낳았으므로 사람에게는 각자의 명이 있다."(『춘추번로』, 「인부천수」)고 하여 하늘을 인간보다 우선시하며 인간을 포함한 만물의 근원으로 이해하고 있습니다. 동중서의 천 개념은 노자, 순자, 회남자 등에서 나오는 기 학설을 수용하고 유가와 묵가, 음양가의 천명, 천지, 천인사상을 계승, 발전시킨 결과입니다. 나아가 동중서는 하늘과 사람이 같다는 동류상동론을 전개하고 있습니다.

> 사람은 낳을 수는 있지만 만들 수는 없으니 사람을 만드는 것은 하늘이다. 사람이 사람인 까닭은 하늘에 근본을 두기 때문이니 하늘은 또한 사람의 선조이며, 이것이 바로 사람이 곧 위로는 하늘과 같은 종류인 까닭이다. 사람의 형체는 하늘의 수가 변화하여 이루어진 것이고, 사람의 혈기는 하늘의 뜻으로서의 인인 것이다. 사람의 덕행은 천리가 변화하여 의가 되었으며, 사람의 좋고 싫음은 하늘의 따뜻하고 깨끗한 것이 변화한 것이고, 사람의 기쁨과 노여움은 하늘의 추위와 더위가 변화한 것이며, 사람의 수명은 하늘의 네 계절이 변한 것이다.(『춘추번로』, 「위인자천」)

이처럼 하늘과 인간이 동류상동이 되려면 하늘과 인간을 이어주는 매개체가 있어야 하는데 동중서는 "음양의 기는 하늘에도 있고 분명히 사람에게도 있다."(『춘추번로』, 「여천지위」), "하늘이 장차 구름과 비를 내리고자 하면 사람으로 하여금 누워서 잠을 자게 만드는데 이것도 음기인 것이다. 근심은 또한 사람으로 하여금 눕게 하는데 이것은 음이 서로를 구하는 것이다. 기쁘고 즐거운 일이 있으면 사람으로 하여금 눕지 않게 하는데 이것은 양이 서로 찾기 때문이다."(『춘추번로』, 「동류상동」)라고 하여 하늘과 인간이 음양이라는 동류의 기에 의해 움직이고 있음을 밝히고 있습니다. 우주 만물이 궁극적으로 하나의 기로부터 나온다는 동중서의 가설은 후대 성리학의 이기일원론, 즉 이와 기가 분리되어 따로 존재하거나 선후가 있는 것이 아니라 하나로 통합되어 있다는 이론의 근거가 됩니다.

> 그러므로 거문고와 비파는 한쪽의 궁음을 퉁기면 다른 쪽의 궁음이 울리면서 서로 답한다. 이것은 만물이 같은 종류로써 움직이는 것이다. 그것이 소리로써 움직이고 형체가 없어서 사람이 그 움직이는 모습을 보지 못하니, 즉 이것을 저절로 울린다고 말한다.(『춘추번로』, 「동류상동」)

하늘과 인간은 음양의 기로 인해 동류이면서 더 나아가 "하늘이 또한 기쁨과 분노의 기운과 슬픔과 즐거움의 마음을 가져 사람과 서로 부응하며 동류로 합하므로 하늘과 사람은 하나이다."(『춘추번로』, 「동류상동」)라고 하여 하늘이 인간처럼 희노애락의 감정을 지니고 있으며 이로 인해 천인감응이 가능함을 말하고 있습니다. 이러한 하늘의 작용력과 인간과의 밀접한 연관성을 바탕으로 동중서는 "신이 듣기로는 하늘이 천하를 주셔서 왕으로 삼으려 할 때는 반드시 인간의 힘으로는 어쩔 수 없이 저절로 이르는 것이 있는데 이것은 명을 받았다는 표징입니다."(『한서』, 「동중서전」)라고 하여 황제의 지위를 하늘과 감응할 수 있는 절대 권력자로서 상정하였고, 심지어 하늘과 동일시되는 지위로 격상시켰습니다. 그리고 하늘과의 감응이 군주의 행위에 의해 좌우된다는 생각까지 나아갑니다. 이러한 동중서의 이론은 당시의 중앙집권화 체제를 이끌어가기 위함이었습니다. 군주가 얻고자 하는 천자의 절대성을 동중서의 천인감응설로 보장해 주었던 것입니다.

동중서의 이러한 천인감응론은 무극·태극·황극이 하나라는 삼극설과도 관련이 있습니다. 무극은 태극을 낳고 태극은 음양을 이룹니다. 무극과 태극은 절대의 세계이며 현상계에서는 그 실체가 드러나지 않습니다. 반면 황극의 황은 임금을 뜻합니다. 한 나라는 임금이 중심이 되어 다스려지는데 그 나라 안에서 일어나는 모든 사건은 임금의 뜻을 통해 서게 됩니다. 이처럼 어느 때 어느 곳이라도 임금과 같은 가운데 자리가 항상 있게 마련입니다. 바로 이 자리를 황극이라고 합니다. 즉 무극과 태극이 구체적이고 현실적인 한 국가 안에서 펼쳐지는 것이 황극이고, 그 황극을 실현하는 주체가 황제인 것입니다. 따라서 이 황극론 역시 동중서의 천인감응설과 상통함을 알 수 있습니다.

(3) 왕충의 정명론

한나라 시대의 독창적인 사상가인 왕충(王充, 27-104)은 하늘과 사람이 연관되어 있음을 강조한 동중서의 천인감응론을 비판합니다. 왕충은 자연적인 것은 저절로 발생하며 거기에는 어떠한 목적론도 존재하지 않는다고 주장합니다. 왕충은 임금이 덕이 없으면 가뭄이 든다는 식의, 인간의 행위가 우주 자연의 움직임에 영향을 준다는 관념을 받아들이지 않았습니다. 인간이 아무리 고결하고 지식이 있다 하더라도 우주에서 예외적인 위치에 있을 수 없다고 보았기 때문입니다.

왕충은 "천지는 기를 품은 자연이며 기는 스스로 변하니 사람들이 그것을 두려워한다."(『논형』, 「자연」), "하늘의 움직임은 만물을 낳고자 하는 것이 아니며 만물은 스스로 생기는 것이니 이것이 곧 자연이다. 기를 베푸는 것은 만물을 위하는 것이 아니라 만물이 스스로를 위한 것이니 이것이 바로 무위"(『논형』, 「자연」)라고 주장했습니다. 이처럼 왕충에게 있어서 하늘은 자신의 기에 따라 움직이는 무위자연이었습니다. 따라서 "하늘은 기인가 체인가? 하늘은 바로 옥석과 같은 종류일 것이다."(『논형』, 「담천」), "하늘은 체이니 땅과 같다."(『논형』, 「변허」)고 하여 하늘을 자연이자 유형적 대상으로 인식했습니다. 이러한 왕충의 주장은 "하늘은 말하지 않으며 사람의 말을 듣지도 않으니 천도는 자연 무위라고 한다."(『논형』, 「복서」)는 말로 함축되며, 이것은 인격과 의지를 가진 하늘이 사람과 서로 감응한다는 동중서의 천인감응론을 반박한 것입니다. 그러나 왕충은 천과 인은 감응하지는 않지만 "만물이 태어날 때는 모두 원기를 품고 있다."(『논형』, 「언독」)고 하여 기에 의하여 하늘과 인간의 운명이 연결되어 있음을 부정하지 않았습니다.

> 무릇 하늘과 땅이 기를 합하면 사람은 저절로 생기니 마치 부부가 기를 합하면 자식이 곧 저절로 생기는 것과 같다. 부부가 기를 합하는 것은 때에 맞추어 자식을 낳고자 하는 것이 아니라 정욕이 발동되어 합하는 것으로 합하면 자식을 낳는 것이다.(『논형』, 「물세」)

왕충은 사람의 명은 부모로부터 기를 받아 태어날 때 이미 길흉이 정해지며 인간은 품부한 기의 정조후박과 천기의 양상에 따라 현우, 요수, 선악, 부귀, 빈천 등이 결정된다고 하였습니다. 또한 "다 같이 원기를 품부 받아도 어떤 경우는 사람이 되고 어떤 경우는 금수가 된다. 사람이더라도 귀하게 되거나 천하게 되며 가난하거나 부유하게 된다. 부유한 가운데도 재물을 쌓는 사람이 있고, 가난한 가운데도 걸식까지 하는 사람이 있다. 귀해서 제후가 되기도 하고 천해서 노복이 되기도 한다. 이것은 하늘이 기를 품부할 때 좌우되는 것이 아니라, 사람과 사물이 부여받은 기의 두텁고 얕음의 차이에서 비롯된다."(『논형』, 「행우」)고 보았습니다. 따라서 "부귀의 복은 구해서 얻을 수 있는 것이 아니며, 빈부의 화는 마음대로 없앨 수 있는 것이 아니다. 천명은 마땅히 이와 같으므로 비록 그것을 피하여 달아나더라도 끝내 벗어날 수 없다. 그러므로 귀하게 되는 것은 구하지 않더라도 저절로 얻어지는 게 아닌가?"(『논형』, 「명록」)라고 하였습니다. 부모로부터 받은 기에 의해 한 사람의 운명이 결정된다는 왕충의 운명론은 자신의 점성술 지식에 의해 강화됩니다.

> 뭇별들의 추이에 따라 사람의 성쇠가 있게 된다. 부귀에 이르는 명을 품부 받은 것은, 품부 받은 성의 기와 마찬가지로 뭇별들의 정기를 얻어서 된다. 뭇별들은 하늘에 있고 하늘에는 상이 있어서 부귀한 상을 얻으면

부귀하게 되고 빈천한 상을 얻으면 빈천하게 된다. 이 모두는 별자리의 높고 낮음, 크고 작음에 따라 부여된 것이다.(『논형』, 「명의」)

또한 왕충은 "무릇 성은 명과 다르니 성은 좋은데 명이 나쁘거나 성은 나쁜데 명이 좋은 경우가 있다. 품행의 선악은 성이고 화복의 길흉은 명이다. 선을 행해도 화를 얻는 것은 성은 좋은데 명이 흉한 것이고, 악을 행해도 복을 얻는 것은 성은 박한데 명이 좋은 것이다. 성은 스스로 선악이 있고 명은 스스로 길흉이 있다. 명이 길한 사람은 비록 선을 행하지 않아도 반드시 복이 없는 것이 아니다. 명이 흉한 사람은 비록 품행에 힘쓰더라도 반드시 화를 면하는 것은 아니다."(『논형』, 「명의」)라고 하여 타고난 성품의 선악과 인간의 운명은 무관하다고 하였습니다. 기론과 점성술을 바탕으로 성립된 왕충의 운명관은 이후에 성립되는 자평명리학의 운명에 대한 이해와 상당히 일치하고 있습니다. 이처럼 왕충은 인간의 운명의 모습을 정밀하게 이해하고 있었습니다.

왕충은 "사람이 행운을 만나거나 거듭해서 해를 당하는 것은 명 때문이다."(『논형』, 「명록」), "사람의 명은 하늘에 달려 있고 길흉은 시간에 존재한다. 명이 궁하면 선을 행하더라도 하늘이 연장시켜 줄 수 없고, 명이 길하면 행동거지가 악하더라도 하늘이 빼앗을 수 없다."(『논형』, 「변수」)고 하여 인간의 길흉화복이 시간에 따라 변화한다는 자평명리학의 행운(行運) 이론과 유사한 관점을 지니고 있습니다. 또한 한 사람에게 할당된 운명의 총량은 엄밀하게 정해져 있어서 설령 그 사람이 자신의 운명을 넘어선 성취를 이루더라도 결국에는 하늘이 그것을 가차 없이 회수하고 만다는 냉철한 운명의 논리를 밝히고 있습니다.

> 명이 가난한 사람이 노력하여 부를 이룰 수 있으나 부유하게 되면 죽는다. 명이 천한 사람이 재능으로 귀하게 될 수 있으나 귀하게 되면 물러난다. 재능과 노력으로 부귀를 이룰 수 있으나 명과 록이 이를 보존하지 못한다.(『논형』,「명록」)

결론적으로 인간의 본성과 운명은 별개의 것이고, 운은 시간의 추이에 따라 변화되며, 한 사람의 운명의 몫은 타고날 때부터 정해져 있다는 왕충의 통찰은 자평명리학의 등장을 예고하고 있습니다.

(4) 성리학의 정명론

성리학에서 행한 근원적 실체와 그것을 해석하는 자연법칙의 탐구는 궁극적으로는 도덕원칙의 확립과 그 정당화에 있었습니다. 그러므로 음양오행의 기를 받고 태어난 사람은 인·의·예·지의 성즉리에 의해 만물 중에서 으뜸이 되는 존재가 됩니다. 따라서 성리학에서는 도덕과 자주성의 주체적 자각을 의미하는 천명이 주요 개념으로 등장하게 됩니다. 동시에 성리학은 인간의 자유의지가 미치지 못하는 외재적, 필연적인 한계로서의 운명도 배제하지 않았습니다.

이에 송대의 유학자 소강절(邵康節, 1011-1077)과 주희(朱熹, 1130-1200)의 운명관에서 동시대에 성립된 자평명리학의 운명관과 유사점이 발견됩니다. 소강절은 성리학의 성립에 절대적인 영향을 끼친 인물로, 그 역시 인간에게는 인간이 어쩔 수 없는 운명이 있음을 말하고 있습니다.

> 무릇 사람은 스스로 부유해지지 못한다. 반드시 하늘이 부를 내려주는 것을 기다린 뒤에야 부자가 될 수 있다. 사람은 스스로 귀하게 되지 못한다. 반드시 하늘이 그 귀함을 내려 주는 것을 기다린 뒤에야 귀하게 될 수 있다. 따라서 부귀는 하늘에 있으며 사람에게 있지 않다. 구하여 얻을 수 있는 것이 있고 구하여도 얻지 못하는 것이 있다. 이것이 바로 하늘에 매인 것이다.(『황극경세서』, 「관물내편」)

또한 소강절은 "일에는 크고 작음이 없으며 모두 하늘과 사람의 이치이다. 수신은 사람의 일이며 때를 만나고 못 만나는 것은 하늘에 있다. 잃고 얻음에 마음이 움직이지 않는 것은 하늘을 쫓기 때문이다. 위태롭게 하고도 요행을 바라는 것은 천명을 거스르는 것이다. 구하는 것은 사람이 하는 일이고 얻을지 얻지 못할지의 여부는 하늘이 하는 일이다. 얻고 잃음에 마음이 움직이지 않는 것은 하늘을 따르기 때문이다. 억지로 빼앗아 얻는 것은 천리를 거스르는 것이다. 천리를 거스르면 반드시 근심과 재난이 닥치게 된다."(『황극경세서』, 「관물내편」)고 하여 자신의 성리학적 운명관이 동시대에 성립된 자평명리학의 운명관과 크게 다르지 않음을 보여줍니다.

이와 같은 견해는 성리학을 완성한 주희에게서도 잘 드러납니다. 주희는 사람이 태어날 때 기후상황과 음양오행의 품기가 어떠한 지에 따라 사람들의 빈부·귀천·요수·현우가 달라진다고 생각했으며, 사람의 운명은 바로 이러한 품부 조건에 의해 결정되는데 그 차별은 당연하고 필연적인 것으로 보았습니다. 이러한 생각은 그의 친구 서단숙에게 보내는 글에서도 잘 드러납니다.

> 세상에는 사람이 태어난 년·월·일·시의 간지와 납음으로 그 사람의 길흉과 수명, 빈부를 추론하여 아는 자들이 있다. 만물이 부여받은 현명함과 어리석음, 귀함과 천함이 같지 않은데 이는 단지 어둡고 밝음, 두텁고 얕음에서 생기는 터럭만큼의 차이일 뿐으로 그 이치를 알기가 쉽다. 태어나는 처음에 얻는 것이 있으니 그 부여받은 바의 몫이 진실로 이미 이와 같음을 알면, 부귀와 영달이 탐나고 원한다고 해서 얻을 수 있는 것이 아니며, 빈천과 불행이 참으로 기교나 노력으로 피할 수 있는 것이 아님을 족히 알게 될 것이다.(『매암집』, 권75, 「증서단숙명서」)

또한 제자가 "신랑 집에서 혼인날을 받아 신부 집에 알리는 점을 쳐 혼인을 확정할 때 만약 점괘가 불길하다고 나오면 어떻게 합니까?"라고 물었을 때 주희는 단호하게 그만두어야 한다고 했습니다. 이러한 주희의 태도를 볼 때 성리학이 우주의 음양오행에 관한 철학적 이론이라면 명리학은 이에 대한 실천적 학문으로서, 마치 칸트의 순수이성비판과 실천이성비판의 관계와 유사하지 않을까 합니다. 따라서 앞으로 명리학의 전개 과정을 살펴본 후, 유학의 선언적이고 직관적인 운명론이 어떠한 술수를 통해 체계적으로 확립되었는지를 알아보고자 합니다.

(5) 기타 사상의 정명론

명리학의 운명론이 단지 유학의 운명론에만 영향을 받은 것은 아닙니다. 유학과 더불어 중국사상의 양대 산맥을 이뤘던 도가사상의 영향도 받았고, 또한 기원 4세기경 위진남북조시대부터 일반 대중들에게 퍼지기 시작한 불교사상도 명리학의 운명론 형성에 기여한 바가 큽니다.

노자는 『도덕경』의 시작에서 "도를 도라고 말할 수 있으면 이미 도가 아니고, 명을 명이라 할 수 있으면 이미 명이 아니다."(『도덕경』, 제1장)라고 하여 도가 자신의 사유체계의 출발점임을 밝히고 있습니다. 이러한 도는 우주의 근본적인 원리로서 만물을 생성합니다. 또한 노자는 "사람은 땅을 본받고 땅은 하늘을 본받으며, 하늘은 도를 본받고 도는 자연 그대로의 법이다."(『도덕경』, 제25장), "도는 늘 무위하지만 하지 못하는 것이 없다."(『도덕경』, 제

37장)고 하여 무위자연으로의 귀의가 인간에게 부여된 명이며 이것을 복명(復命)이라고 불렀습니다.

> 무릇 만물이 무성하여도 각각 그 근원으로 되돌아간다. 근원으로 돌아감을 정(靜)이라 하고 이를 복명이라 일컫는다. 복명은 영원함을 찾아가는 것이고 영원한 것을 아는 것은 밝아짐이니, 영원한 것을 알지 못하면 재앙을 짓게 된다. 영원함을 알면 너그럽게 되고 너그럽게 되면 공평해진다. 공평하면 왕처럼 되고 왕처럼 되면 결국 하늘에 이르고 하늘에 이르면 도에 이르고 도에 이르면 영원에 이르니 몸이 없어져도 위태로울 것이 없다.(『도덕경』, 제16장)

노자는 어떠한 인위적인 것도 배격하면서 복명을 통해 자연으로 돌아가 자연과 합일을 이루는 것이 인간에게 주어진 명임을 말하고 있습니다. 이러한 노자의 운명관은 하늘이 인간에게 부여한 명이 있고 인간은 그것을 따라야 한다는 명리학의 운명론에 영향을 끼쳤습니다.

노자의 무위자연 사상을 이은 장자는 명에 대하여 좀 더 적극적으로 개진합니다. 장자는 "내가 그러한 까닭을 모르지만 그러함이 있으니 그것이 명이다."(『장자』, 「달생」), 자상이 대답하기를 "난 나를 이런 막바지에 몰아넣은 것이 무엇인지 생각해 보지만 전혀 알 수가 없네. 부모가 어찌 내가 가난하길 바랐겠나? 하늘은 공평하게 만물을 뒤덮고 땅은 공평하게 만물을 실어 준다. 그러니 하늘과 땅이 어찌 나만을 가난하게 하겠나? 나를 가난하게 만든 것이 무엇인가 하고 애써 생각해 보지만 전혀 알 수가 없어. 그런데도 이런 막바지에 몰린 것은 명 때문이다."(『장자』, 「대종사」)라고 하여 인간의 통제를 벗어난 불가항력적인 운명의 존재를 인정했습니다. 장자는 불가해한 운명에 대한 자세로 "어찌할 수 없음을 알고 편안히 여김을 운명처럼 하는 것은 오직 덕 있는 자만이 할 수 있다."(『장자』, 「덕충부」)고 하여 주어진 운명을 순순히 받아들여 운명과의 화해를 권하고 있습니다. 이러한 노자, 장자의 운명관은 후한 시대의 왕충의 운명론과 일맥상통한다고 볼 수 있습니다.

중국에 유입된 불교의 운명관은 자신의 업과 그에 대한 인과응보가 현실의 연계선상에 존재한다는 믿음에서 시작되었습니다. 이처럼 윤회과정에서 지은 업 자체를 현재 삶과 연결하여 바라본 운명관이 바로 숙작론입니다. 석가모니는 현실에서 겪고 있는 행과 불행은 모두 전생에서의 업의 결과이며, 그 연장선상에서 미래가 현재의 행위에 따라 결정될 수 있다고 보았습니다. 부산의 해동용궁사에 있는 비석에는 "너의 과거를 알고 싶거든 지금 네가 받고 있는 것을 보고, 너의 미래를 알고 싶거든 네가 지금 하고 있는 것을 보아라."고 쓰여 있는데, 이 문장은 숙작론의 요지를 명쾌하게 전달하고 있습니다. 이런 불가의 숙작론적 운명관은 일종의 숙명론적 운명관이라고 할 수 있으며, 중국에 불교가 들어온 후에 명리학도 불교의 영향을 받았을 것이라는 추론이 가능합니다. 왜냐하면 사주명리에서 태어난 해에 해당하는 연주는 조상과의 인연으로 보고, 일주인 나와 조상인 연주의 상생상극의 관계를 통해 인연과 운명을 추론하기 때문입니다. 명리서인 『적천수집요』는 "부부의 인연은 전생으로부터 온 것이다."(『적천수집요』, 「육친론」)라고 했으며, 『자평진전평주』에서도 "무릇 명의 우열은 누가 만드는 것이며 누가 명을 주제하는가? 모름지기 전생의 선행을 인연으로 금생에서 아름다운 명을 이루고, 전생의 악행으로 인하여 금생에 뒤처지는 명을 이루니, 명운의 우열은 전생의 인과에 의해서 이루어지고 정해지는 것"(『자평진전평주』, 「자서」)이라고 하여 명리학의 운명론과 불교의 숙작론이 무관하지 않음을 보여줍니다.

2) 명리학의 운명론

(1) 명리학의 전개 과정

- 고법명리(古法命理)

유학이 정립한 운명론을 명리학적 체계를 통해 헤아리려면 먼저 음양오행이 갑·을·병·정·무·기·경·신·임·계의 십간과 자·축·인·묘·진·사·오·미·신·유·술·해의 십이지에 배속되어야 하며, 십간과 십이지의 최소 공배수인 육십갑자로 날짜를 세는 간지역법이 확립되어야 합니다. 그리고 사람이 태어난 때로 그 운명의 길흉화복을 해석할 수 있는 점성술의 지식이 축적되어야 하고, 사람의 명은 그가 태어날 때 처음 부여받은 기운에 의해 이미 결정된다는 정명론도 마련되어야 합니다. 이러한 조건을 만족시키는 명리학적 체계가 성립된 것은 4세기 초반 무렵입니다. 동진의 곽박(4C초), 당나라 시대의 원천강(7C초)과 이허중(9C초) 등에 의해 고법명리가 성립되었습니다. 사주명리학은 그 간명방법과 이론체계에 따라 10세기 중반(오대 말-북송 초) 서자평을 기점으로 해서 신법명리인 자평명리와 그 이전의 고법명리로 구분됩니다.

고법명리는 납음오행과 신살, 연주 위주의 간명방식을 그 특징으로 합니다. 고법명리를 다른 명칭으로 삼명학이라고도 하는데, 삼명은 생년의 천간을 녹, 생년의 지지를 명, 연주의 납음오행을 신으로 합니다. 고법사주에서는 신을 위주로 하여 신살을 취하고 태원(胎元)과 월주·일주·시주의 순서대로 신을 대입시켜 왕쇠강약을 정해 간명하였습니다. 태원은 잉태한 달, 즉 입태월을 말하며 잉태될 때의 계절적인 기후를 살펴보는 것을 말합니다. 예를 들면 갑인월에 출생했다면 열 달 전인 을사가 태원이 됩니다. 따라서 고법사주에서 사주는 태·월·일·시의 네 기둥을 가리키는 말입니다. 지금의 연주 대신에 태원이 들어갔던 것으로, 고법사주는 생년을 삼명(녹·명·신)의 근거로 삼아 태원과 년·월·일·시를 함께 고려했으므로, 엄밀히 말하면 사주가 아니라 오주라고 할 수 있습니다.

- 신법명리(新法命理·子平命理學)

오대 말에서 남송에 걸쳐 서자평과 서대승, 명대의 유백온, 장남, 만민영, 청대의 진지린, 심효첨, 임철초 등에 의해 일간 위주의 신법명리인 자평명리학 체계가 성립되어 지금에 이르고 있습니다.

서자평의 자평명리학이 나오게 된 당시의 사회적 배경을 살펴보면 다음과 같습니다. 북송(960-1127)초 학문적으로는 우주의 이치와 인간의 본성을 탐구하는 성리학이 탄생하였으며, 정치적으로는 가문 위주로 운영되어 오던 인재 선발 제도인 과거가 개인 능력 위주로 혁신됨으로써, 신흥 사대부에 의해 문신 관료체제와 중앙집권체제가 확립되었습니다. 또한 경제적으로 농업생산력이 증대되어 시장경제가 발전하였고 토지 사유화에 의한 개인 능력 중심의 사회경제체제가 확립되었습니다. 이러한 환경의 변화와 명리학의 변천은 상관관계를 지니고 있습니다. 가문에 따라 부귀빈천이 정해지는 이전의 문벌 귀족사회에서는 조상과 가문을 상징하는 연주를 주체로 사주를 해석하였으나, 개인 능력 중심의 다원화된 사회 환경에서는 새로운 패러다임의 지명체계가 요구되었습니다. 따라서 일간을 명의 주체로 삼는 자평명리학은 북송 초기의 새로운 학문적 조류와 개인능력 중심의 배경 속에서 탄생하게 된 것입니다. 즉 연주 위주의 간명인 고법사주에서 일간 위주의 간명인 자평사주로의 전환의 핵심은, 사람 운명의 길흉화복과 빈부귀천을 좌우하는 주된 요인이 조상·부모·가문에서 개인의 타고난 품기·자질로 그 인식이 바뀌었음을 의미합니다. 사주에서 년은 조상·부모궁, 월은 형제·사회궁, 일은 자신·배우자궁, 시는 자식·후손궁을 의미하기 때문입니다.

신법명리인 자평명리학의 일반적 특징은 다음과 같습니다. 첫째, 고법명리에서 중시하던 납음오행을 간명에 사용하지 않고 정오행만을 사용한 점입니다. 정오행의 사용이란 사주팔자에서 세력의 균형을 맞추기 위하여 기세의 강약을 조절할 때, 음양오행의 이론만을 가지고 힘의 세기를 조절하는 것을 말합니다. 둘째, 신법명리에서는 천간을 천원, 지지를 지원, 지장간을 인원이라고 하여 삼원이라고 합니다. 이것은 고법명리에서 연주의 천간을 천원, 지지를 지원, 납음오행을 인원이라 한 것과 다릅니다. 셋째, 사주체계의 차별입니다. 고법명리는 연주의 녹·명·신 삼원과 태·월·일·시의 오주체계로 간명을 하였으나, 자평명리에서는 년·월·일·시의 사주체계로 간명을 합니다. 넷째, 가장 중요한 명의 주체를 일간으로 하는 점입니다. 고법명리에서는 연주를 근본으로 삼았으나 서자평은 간명에 있어서 일간을 주체로 삼아 삼원을 거느리고 팔자의 간지를 배합한다고 하였습니다.

10세기 중반 자평명리학을 최초로 정립한 서자평은 곽박의 저술로 알려진 『옥조신응진경』에 주석을 달았으며, 『낙록자부』에도 자신의 주석을 달아 『낙록자삼명소식부주』를 지었습니다. 이 저서들은 자평명리학의 입장에서 고법명리학을 새롭게 해석한 것으로, 자신의 저술 『명통부』와 함께 자평명리학의 이론적 토대를 형성하게 됩니다. 남송의 서대승은 서자평의 학문을 계승한다는 취지로 『연해자평』을 지어 당시에 여러 가지로 나누어져 있던 사주이론을 집대성하였으며, 서자평의 일간을 중심으로 한 이론체계를 완성하였습니다. 『연해자평』에서는 "사람이 처하는 길흉화복은 모두 사람이 인위적으로 할 바가 아니고 조물주와 음양의 소치이다."(『연해자평』, 「상해정진론」), "천명은 기수(氣數)와 관련되고 인명은 오행을 품수한 것인데 기수와 오행이 구별되지 않고 천명과 인명도 다르지 않다."(『연해자평』, 「벽연부」)고 하여 음양오행론에 바탕을 둔 천간지지를 통해 구체적으로 사주를 해석하고 있습니다.

(2) 자평명리학의 주요개념

- 중화(中和)사상

그렇다면 자평명리학은 어떠한 방법을 통해 유학의 직관적이고 선언적인 운명인식을 학문적인 체계로 변화시킬 수 있었을까요? 즉 자평명리학은 어떠한 술을 고안하여 인간의 운명을 논리적으로 추론할 수 있었던 것일까요? 거기에는 무엇보다도 『연해자평』, 『자평진전』, 『적천수』 등 명리학의 주요 저서를 관통하는 네 가지 핵심 개념이 있습니다. 즉 중화(中和)사상, 용신(用神), 격국(格局) 그리고 행운(行運) 이론이 그것입니다.

중화는 사주팔자의 간명에 있어서 매우 중요한 개념입니다. 중화의 개념은 중(中)을 이해하는 것에서 비롯됩니다. 문자학의 연구에 따르면 중이 명사로 쓰일 때는 '구심점'을 뜻하고, 동사로 쓰일 때는 과녁의 한 가운데를 '맞힌다'는 뜻으로, 형용사로 쓰일 때는 '적당한', '합당한'으로 쓰입니다. 이들의 단어는 모두 다르지만 그 의미가 일관되게 사용되는 것을 알 수 있습니다.

중은 『주역』에서도 중요한 개념입니다. 50개의 산가지로 괘를 뽑기 위해 점을 치는 것을 설시라고 하는데, 이 설시 과정에서 상괘나 하괘의 중간 효인 2효와 5효를 얻는 것을 득중이라고 하여 길한 것으로 여겼습니다. 『중용』의 중은 한쪽으로 치우치거나 기울지도 않으며 지나치거나 미치지 못함이 없음을 말하고, 용은 평상적인 것을 의미합니다. 이처럼 고대 중국인들이 중을 중요시하고 있다는 사실은 전설의 요임금이 순임금에게 제왕의 자리를 물려주는 장면에도 등장합니다. 공자는 『논어』에서 "요가 순에게 말하기를, 아아, 너 순아, 하늘의 역수가 네게 있으니, 진실로 그 중용의 도를 잡아라."(『논어』, 「요왈」)고 하여 중용의 중요성을 언급하고 있습니다. 이처럼 어느 쪽으로도 치우치지 않음의 의미를 지닌 중은 고대 중국의 건국이념과도 같으며, 실제의 정치 행위에 있어서 하나의 기준이 되었습니다. 유학을 집대성한 동중서 역시 "중화의 이치로서 천하를 다스리는 자는 그 덕이 크게 왕성하고, 능히 중화로서 그 자신을 기르는 자는 그 수명이 제 명을 다하는데 이를 것"(『춘추번로』, 「순천지도」)이라고 하여 통치자나 군자는 중화를 지향하는 삶이 필요함을 강조하였습니다. 화(和)의 사전적 의미는 '서로 뜻이 맞아 좋은 상태'입니다. 동중서는 화란 천지가 생성을 이루게 하는 것이라 규정합니다. 고대 중국인들의 화에 대한 태도는 공자의 "군자는 화합하지만 부화뇌동하지 않고 소인은 부화뇌동하지만 화합하지 않는다."(『논어』, 「자로」)는 말에 가장 잘 드러납니다. 고대 중국인들에게 중화는 천지와 인간의 조화,

인간과 인간의 조화를 아우르는 개념이라고 볼 수 있습니다.

명리학에서 중화란 사주가 균형을 이루는 모습인 평형의 상태를 지향하며, 이는 궁극적으로 사주 안에서 음양오행과 한난조습이 어느 한 쪽에 치우침이 없는 상태를 말합니다. 그렇게 될 경우 그 사주는 마침내 부귀창성하고 무병장수하게 된다고 봅니다. 『적천수』에서는 사주팔자의 중화에 대해 다음과 같이 언급하고 있습니다.

> 오행이 조화로운 것은 결함이 없어 완전하거나 생하거나 극함이 없는 것이 아니다. 온전해야할 것은 온전하고 모자란 것은 모자라고 생해야 할 것은 생하고 극할 것은 극하여, 즉 조화로우면 일생동안 재앙이 없는 것이다.(『적천수』, 「질병」)

즉 중화를 이룬 사주란 아무런 변화가 일어나지 않는 무기력한 사주가 아니라 일간을 위주로 하여 적절하게 생과 극을 반복하는 역동적인 사주로서, 과정을 통해 중화를 지향하는 사주를 의미합니다. 신법 사주체계의 통칭이 자평, 즉 저울이라는 것도 사주명리 체계가 중화에 그 사상적 기반을 두고 있음을 단적으로 말해줍니다. 지나친 것도 모자란 것도 아닌 균형을 잡으려는 중화는 사주의 간명에서 매우 중요한 기준이 됩니다.

- 용신(用神)

중화는 운명의 길흉화복을 좌우하는 관건이지만 현실상 중화된 사주는 매우 드물고 대개 한쪽으로 치우치게 마련입니다. 이럴 경우 중화를 실현하도록 하는 음양오행의 간지가 바로 용신입니다. 즉 용신이란 사주팔자의 중화를 달성하는 천간 혹은 지지로서 사주명리 체계에 있어 중화사상의 핵심요소입니다.

『자평진전』에서는 "무릇 팔자는 반드시 중화가 되어야 귀하게 됨이니, 한쪽으로 치우쳐 있는데 그것을 조절하는 신(神)이 없다면, 비록 성격(成格)이 되어도 아름답지 않다."(『자평진전』, 「논용신배기후득실」)고 하여 용신의 중요성을 강조하였습니다. 용신은 언제나 중화적인 흐름을 가져가는 우주와, 그러한 우주와 조화를 이루기 위해 사용하는 명주의 개인적 채널이라고 할 수 있습니다. 따라서 개인이 우주와 조화를 이룰 수 있는 적절한 채널을 가지고 있다면 큰 문제가 되지 않겠지만, 그렇지 않을 경우에는 치우침으로 인해 삶에 큰 어려움이 발생할 수 있습니다. 따라서 용신이란 사주의 전체 짜임새를 바탕으로 사주의 길흉화복을 좌우하는 가장 중요한 역할을 하는 오행이나 간지입니다. 후학들에 의해 명리학의 대가로 추앙받는 박재완은 "사주에 있어서 용신을 가려내는 일은 가장 중요한 일로써, 용을 그릴 때에 어려운 일이 눈을 그리는 것처럼 용신을 가려내는 일은 명리상 가장 어려운 과제이다. 대개 용신을 가려내는 데는 격국에 대한 분별을 먼저 명확히 해두는 것이 필요하다."(『명리요강』)고 하였습니다.

그렇다면 용신에는 어떤 것이 있을까요? 김만태는 『명리학강론』에서 억부용신·조후용신·병약용신·통관용신·순응용신 등 총 다섯 종류의 용신에 관해 언급하고 있습니다. 첫 번째로 사주의 간명에 있어서 가장 많이 사용되는 억부용신은 강약의 중화를 맞추는 것으로 용신을 삼는 것입니다. 일간 위주의 억부용신은 건강·재물·육친 등 개인적 길흉을 관장합니다. 사주의 격국은 좋으나 억부가 흉하면 대외적으로는 발전하나 가정환경은 그렇지 못합니다. 반대로 억부는 좋으나 격국이 흉하면 가정환경은 만족스러우나 대외적으로는 불만족하기 쉽습니다.

『명리약언』에서는 "명은 용신이 아주 긴요한데 용신을 보는 법은 억부에 불과할 뿐이다. 약한 것은 도와주어야 마땅하므로 돕는 것이 곧 용신이다. 돕는 것이 지나치면 그 돕는 것을 억제하는 것이 용신이다. 돕는 것이 모자라면 그 돕는 것을 돕는 것이 용신이다. 강한 것을 억제하는 것이 곧 용신이고, 억제하는 것이 지나치면 그 억제하는 것을 억제하는 것이 용신이다. 억제하는 것이 모자라면 그 억제하는 것을 돕는 것이 용신"(『명리약언』, 「간용신법」)이라고 하여 억부용신에 관한 정의를 내리고 있습니다. 『연해자평』 역시 "십팔격도 마땅히 선악을 따라 추구해야 하고, 모든 오행에 연계하여 각각 왕함과 쇠함, 그리고 일의 형세를 취해야 한다. 신왕하면 인수의 노고를 바라지 않고 신쇠하면 재관을 기뻐하지 않는다. 중화는 복이 되고 치우침은 재앙이 된다."(『연해자평』, 「금옥부」), "따라서 천시를 추리하고 지리를 관찰해서 태과와 불급을 줄이고 중화로서 취용한다."(『연해자평』, 「설요첩치현묘결」)고 하여 억부용신의 쓰임새에 대해 논하고 있습니다.

둘째는 조후용신으로서 사주팔자 가운데 온도와 습도, 조화를 맞추는 천간이나 지지 또는 지장간의 글자를 용신으로 삼는 방법입니다. 즉 조후용신이란 한난조습을 조절하는 용신이라고 할 수 있습니다. 청나라시대 여춘태가 간행한 『궁통보감』은 조후법을 위주로 하고 억부법을 참고하여 중화를 이루는 용신을 정하는데 가장 근간이 되는 내용들을 제시하고 있습니다. 다음과 같은 내용을 통해 『궁통보감』의 조후용신에 대해 짐작할 수 있습니다. "목이 봄에 나면 한기가 아직 남아 있어 화로서 따뜻하게 하는 것이 좋다. 그러면 굽고 엉클어질 염려가 없다. 여름철의 목은 뿌리가 마르고 잎도 마르니 굽었던 것이 곧아지고 펴진다. 수가 성함을 얻어서 촉촉함의 공을 원하니 실로 수가 적어서는 안 된다."(『궁통보감』, 「논목」) 또한 『연해자평』에서도 "본신이 여름에 나고 화, 토가 많으면 수의 구제를 만나야 중화되어 귀해진다. 수화는 원래 기제(旣濟) 되어야 하니, 관리되고 교화되면 명리(名利)를 세상에 떨친다. 삼동에 태어나면 수가 차갑고 금도 차가우니 화를 얻어 서로 도우면 범상하지 않다."(『연해자평』, 「촌금수수론」)고 하여 사주의 중화에 있어서 조후용신의 필요성에 대해 말하고 있습니다. 즉 조후용신은 억부용신과 더불어 사주 간명에 있어서 가장 중요한 용신으로, 사주를 자연의 물상에 치환하여 판단하는 방법이라고 할 수 있습니다. 실제 임상에 임하는 역술가들에 의하면 사주의 90% 정도가 억부용신과 조후용신을 사용하여 간명이 가능하다고 합니다.

셋째는 병약용신으로서 사주에서 병이 되고 있는 것을 제거하여 약이 되게 만드는 용신을 말합니다. 장남은 『명리정종』에서 병약용신에 대해 다음과 같이 말합니다. "무엇을 병이라 하는가? 원래 팔자 중에 있는 해가 되는 신이다. 무엇을 약이라고 하는가? 그것은 팔자에 해가 되는 글자가 있다면 그 글자를 제거하는 것을 말한다." 예를 들어 "인수가 재성을 만났는데 재운으로 가고 또 사절지를 겸하면 반드시 황천으로 간다. 그러나 비견을 보면 근심이 거의 해소된다."(『연해자평』, 「논격국생사인용」)고 했는데 그 이유는 신약한 사주가 계속 재를 만나 설기되고 또 십이운성도 좋지 않은 곳으로 흐르고 있어서 병이 과중되는 상황이기 때문입니다. 그런 상황에서 일간을 지지해 줄 비견을 보면, 이 비견이 약의 구실을 하는 용신이 되어 한숨을 돌릴 수 있다는 이론입니다.

넷째는 통관용신으로서 통관용신은 대치하는 두 오행의 싸움을 중간에서 화해시키는 글자를 용신으로 삼는 것을 말합니다. 만약 갑 일간이 관살인 금에게 손상을 당하는 경우, 시상에 임계수(壬癸水) 중 하나가 있거나 신자진(申子辰) 수국이 있어서 해결한다면 흉한 것을 길한 것으로 변화시킬 수 있습니다. 다섯째는 순응용신으로서, 강한 세력을 거스르지 않고 순응하는 것으로 용신을 삼는 것입니다.

　이상과 같이 용신의 개념과 쓰임새, 그리고 종류에 대해서 알아보았습니다. 사주 간명에 있어서 용신은 매우 중요한 요소입니다. 용신을 어떻게 잡느냐에 따라 운명에 대한 해석이 달라집니다. 제대로 된 용신을 선택하는 방법에는 왕도가 없습니다. 부단한 임상을 통해 확률을 높이는 것이 최선의 방법입니다.

- 격국(格局)

　격국은 중화사상, 용신과 더불어 자평명리학에서 핵심이 되는 내용입니다. 용신이 사주의 쓰임새, 길흉판단의 잣대라고 한다면, 격국은 사주의 짜임새, 전체적인 틀이라고 할 수 있습니다. 예를 들어보겠습니다. 그릇은 물건을 담는 용도로 사용됩니다. 따라서 어떤 물건을 담느냐에 따라 그 그릇의 용도가 결정됩니다. 밥그릇도 있고 물그릇도 있으며 불을 담는 화로나 반찬 그릇도 있습니다. 담는 물건에 따라 그릇의 역할이 정해지는 것처럼, 그 그릇을 사주에 비유하면 격국이라고 할 수 있습니다. 그러나 때로 이 그릇에 흠이 나 있을 수도 있습니다. 작은 흠이 났다고 그릇을 버리지 않는 것처럼 어떻게든 흠을 보완해서 사용하려고 합니다. 사주명리학에서도 그 흠을 보완하는 방법을 찾아 가능한 그릇을 용도에 맞게 제대로 사용하려고 하는 것, 그것을 용신이라고 합니다.

박재완은 격국과 용신에 대해 "사주팔자 중에 격이 있고 용이 있으니, 격은 음양만물의 체요 용은 음양만물의 동작이다. 비유하건대 격은 거문고 판과 같고 용은 거문고 현과 같다. 거문고 판은 성음의 고저청탁인 원체요, 거문고 현은 성음의 고저청탁을 발생하는 작용이 된다. 가령 목일주에 금관성이 왕할 경우 수인성이 있다면 관성을 설기시켜 일주를 생하는 통관이 되므로 인성이 용이 되고, 인성이 없고 화식상이 있다면 일주가 설기하여 약해지므로 불길할 듯하나, 적이 되는 관성을 다스림이 더욱 중하므로 식상이 용이 된다. 해설하자면 오동 목판은 일반인데 거문고 줄을 달면 거문고 소리가 나고 가야금 줄을 달면 가야금 소리가 남과 같으니, 관격은 거문고 판이요 인성이나 식상은 거문고 줄과 같으니 격과 용이 분명하다."(『명리요강』)고 하여 격국과 용신을 체와 용으로 구분했습니다. 내가 세상에서 무슨 그릇으로 살 것인가, 즉 사주 주인공인 일간의 사회적 활동무대를 의미하는 것이 격국입니다.

심효첨은 『자평진전』에서 "팔자의 격국은 오로지 월령으로써 사주와 맞춘 것이다. 성신은 주검과 같아서 생하고 극하는 작용을 못하니 어찌 격국의 성패에 영향을 미칠 수 있겠는가? 격국이 이미 이루어졌다면 고신 팔살이 사주에 가득한들 그 귀함을 어찌 손상하겠는가? 격국이 이미 깨어졌다면 천덕귀인이 사주에 가득한들 무슨 공이 있겠는가?"(『자평진전』, 「논성신무관격국」)라고 하여 고법명리의 신살의 효용 가치에 대해 부정적인 입장을 보입니다.

임철초는 『적천수천미』에서 격을 정하려면 먼저 월령이 무슨 간지인가를 보고, 다음으로 천간에 무슨 신(神)이 투출하였나를 살피고, 사령(司令)의 진가(眞假)를 다시 궁구한 후 취용하여 격의 청탁을 구분해야 한다고 하였습니다. 그러나 월지에서 녹인, 즉 건록이나 제왕을 만나면 격으로 취하지 않으므로, 다른 지지에서 천간에 투출했는지를 살펴서 격으로 정한다고 하였습니다. 또한 "월령은 사주에서 매우 중요하다. 기상, 격국, 용신 모두 제강의 사령(司令)에 속한다. 천간에는 인조(引助)하는 신이 있어야 한다."(『적천수천미』, 「간지총론」)고 하여 월령이 격국을 정하는 중요 기준이며 천간에 투출하는 것이 좋다고 했습니다.

『자평진전』은 월령을 위주로 하되 월령에서 투출한 천간을 보다 중시해서 격국을 정하고, 격국의 길흉을 미리 구분해서 순용과 역용으로 격국용신을 정하여 격국의 성패와 구응을 논하였습니다. 월지의 지장간 중에서 천간에 투출한 것을 격국 취용에서 중요시하게 되었다는 사실은, 사주 주인공의 사회활동 무대가 격국이라는 격국의 본래 성격을 확립하는 계기가 됩니다.

사주의 격국에는 여러 가지 종류가 있으며, 보는 관점과 기준에 따라 열 가지에서 수십 가지로 다양하게 나눌 수 있습니다. 그러나 크게 나누면 정격·편격·잡격으로 구분할 수 있습니다. 정격은 내격·보통격·십정격이라고도 하며 식신격·상관격·편재격·정재격·편관격·정관격·편인격·정인격 등 팔정

격에 건록격·양인격을 보탠 것입니다. 편격은 외격·특별격·변격이라고도 하며 종격과 화격이 있습니다. 종격에는 종아격·종재격·종살격·종강격(인성태과)·종왕격(비겁태과)이 있습니다. 화격에는 갑기합화토격·을경합화금격·병신합화수격·정임합화목격·무계합화화격이 있습니다. 잡격은 비천록마격·도충격·을기서귀격·육을서귀격·자요사격·축요사격·임기용배격·임기호배격·정란차격·육음조양격·육임추간격·육갑추건격·구진득위격·현무당권격·세덕부살격·세덕부재격·협구격 등으로 당, 송, 명나라의 고전에 많이 수록되어 있으며, 격국을 정하는 기준이 일정하지 않고 사주의 단편적인 특징을 취해서 정하므로 지금은 격국으로 인정하지 않는 경우가 많습니다.

 이처럼 중화와 용신은 격국의 틀 안에서 이해되어야만 비로소 의미를 찾을 수 있습니다. 따라서 격국은 자평명리학을 완결하는 중요한 개념입니다. 결론적으로 유학의 운명론을 비롯한 여러 사상의 정명론은 음양오행의 부호이자 생활적 표현인 간지역법, 그리고 명리학 고유의 체계인 중화와 용신 그리고 격국을 통해 비로소 해석의 구체성을 획득하게 되는 것입니다.

- 행운(行運)

 중화사상, 용신, 격국이 사주의 원국에 관한 이론, 즉 명에 관한 이론이라면 행운은 운세라고도 하며 시간의 흐름에 따라 들고나는 운에 관한 이론입니다. 행운에는 대운·세운(연운)·월운·일운이 있습니다. 대운은 십년 단위 큰

운을 말합니다. 대운이 바뀜에 따라 원국과의 작용을 통해 운이 상승하거나 하강하고 또는 현상유지를 하게 됩니다. 세운(연운)은 일 년 단위로 들어오는 운이고, 월운은 한 달 단위, 일운은 하루 단위로 들어오는 운을 말하는데, 명리학에서는 보통 대운과 세운을 중심으로 간명합니다.

사주명리학에서는 원국을 자동차에 비유하고 행운을 도로에 비유하는 방법이 일반적입니다. 가령 원국이 뛰어나서 배기량이 큰 중형차라 할지라도 행운이 나빠서 비포장도로이면, 자동차는 자신이 가진 잠재력을 충분하게 발휘하지 못하게 됩니다. 반면 경차처럼 배기량도 작고 속도를 내는데 한계를 가진 원국이라도 그 차가 고속도로를 만난다면, 비포장도로를 달린 중형차보다 훨씬 더 빨리 목적지에 도달할 수 있습니다. 또한 각 개인에게 있어서 도움이 되는 운이 들어오는 시기도 각각 다른데, 초년에 들어와 말년까지 지속된다면 그야말로 운이 좋은 것이고, 좋은 운의 지속이 일찍 끝난다면 어려운 말년을 예감해야 합니다. 반면 초년에는 운의 도움을 받지 못해 어렵게 살지만 60대에 좋은 운이 들어와 대기만성의 표본이 될 수도 있습니다. 반면 전 생애에 걸쳐 좋지 않은 운이 들어와 평생을 어렵게 사는 경우도 있는 것입니다. 『삼명통회』에서는 대운의 쓰임새에 대해 다음과 같이 논하고 있습니다.

대개 대운은 지지를 중요하게 여기므로 동방, 남방, 북방으로 간다고 구분하는 것이다. 사주에서 용신을 상하게 하는 글자는 운에서 그것을 제압해줘야 하고, 용신을 도와주는 글자는 운에서 그것을 생해줘야 하며, 신약하면 운이 왕성하게 끌어주어야 한다.(『삼명통회』, 「논대운」)

『자평진전』에서는 "비록 격국의 성패와 고저가 팔자에서 이미 정해진 것으로 논하지만, 원래 본명에 있는 것들과 동일하지는 않더라도 대운에서 그 화복이 정해질 수 있다. 만약 월령에 소장되어 있는 것들이 행운하는 것 중에서 청하게 투출하는 것이 있으면, 이는 곧 본명에 원래 있는 것들과 심하게 차이가 나지 않는다. 즉 행운에 따라 성격이 되는 것과 변격이 되는 것이 바로 이것이라 할 수 있다."(『자평진전』, 「용신론」)고 하여 대운의 중요성이 원국에 못지않음을 논하고 있습니다.

사주명리학에서는 원국의 중요성을 더 강조하는 학파가 있는가 하면 반대로 대운이 더 중요하다고 주장하는 학파도 있습니다. 원국이 중요하다고 말하는 부류들은 대운이 좋게 들어온다고 하더라도 그것을 받을 수 있는 원국이 빈약하면 용신 대운이 들어와도 발복이 적기 때문이라고 합니다. 반면 대운이 중요하다고 주장하는 부류들은 원국에 대한 해석이 사람마다 다르기 때문에 대운을 중심으로 간명하는 것이 현명한 방법이라고 합니다.

(3) 자평명리학의 운명론

남송시대인 1162년에 서대승에 의해 초판이 간행된 『연해자평』은 당나라 시대의 연주 위주의 운명해석을 일주 위주의 해석으로 전환시킨 기념비적인 저서입니다. 따라서 『연해자평』은 자평명리학의 시작을 알리는 책입니다. 본 단락에서는 『연해자평』을 비롯하여 주요 명리서의 운명론을 시대의 흐름에 따라 살펴보고자 합니다.

『연해자평』에서는 "무릇 음양의 기운을 부여받아 천지간에 태어났으므로 자연과 조화할 수 있는 능력을 가진 것이 인간이다. 그리고 음양의 변화 속에서 만물과 조화를 이룬다. 인간은 그 속에서 길흉화복의 실마리를 찾아내니 그 이치가 그대로 드러난다. 따라서 사람이 처하는 길흉화복은 모두 사람이 인위적으로 할 바가 아니고 조물주와 음양의 소치이다."(『연해자평』, 「상해정진론」)라고 하여 인간은 자연과 같은 음양오행의 기운을 받아 태어난 존재로, 그 운명은 음양오행의 틀을 벗어날 수 없다고 했습니다.

1368년 명대의 유백온은 『적천수』에서 지명의 중요성을 강조했습니다. "명을 알지 못하는 자는 귀머거리와 같은 것이니, 명을 알아서 순과 역의 기틀에 대하여 이해할 수 있다면 거의 천하 사람들의 귀먹은 것을 열어 줄 수 있을 것이다."(『적천수』, 「지명」)는 유백온의 말은 공자의 "명을 알지 못하면 군자라고 할 수 없다."(『논어』, 「요왈」)는 말을 떠올리게 합니다. 이것은 명리학이 명의 의미나 그것을 대하는 태도에서 있어서 유교적 전통 위에 서 있음을 보여주는 실례라고 할 수 있습니다. 유백온은 무엇보다도 자신의 명을 알아야만 일보 전진의 발걸음 뗄 수 있고 나아가 군자도 될 수 있다고 말했습니다.

명대 1578년 만민영에 의해 출간된 『삼명통회』는 총 12권으로 구성된 사주명리에 관한 백과사전으로, 고법사주부터 자평사주에 이르기까지 당시 수집 가능한 거의 모든 자료를 망라해 수록한 책입니다. 『삼명통회』에서는 명으로 표현되는 사주팔자도 중요하지만 때에 따라 들어오는 운의 중요성을 더 강조했습니다. 그리고 선을 쌓으려는 인간의 노력이 인간의 운명에 영향을 끼칠 수 있음도 언급했습니다. 이러한 점 역시 명리학이 개인의 운명과는 다른 사명으로서의 천명을 중요시한 유학과 그 맥락이 닿아 있음을 알 수 있습니다.

> 비록 가볍고 맑은 원기를 받았으나 쇠하여 약해질 때 태어나서 멈추고 갇힌 운으로 간다면, 부유한 자도 재원을 손실하고 귀한 자도 벼슬을 빼앗겨 자리에서 물러나고 장수할 자도 요절하고 녹이 막힌다. 비록 무겁고 탁한 원기를 받았으나 사람이 중화하는 때에 태어나고 왕성하고 돕는 운으로 간다면, 가난한 자도 끝내 가난하지 않고 부를 누리며 천한 자도 끝내 천하지 않고 귀를 누리며 요절할 자도 끝내 장수를 누리게 된다. 따라서 수신함이 인간에게 있으면 사람의 노력으로 반드시 하늘을 이길 수 있으니, 명이 중화의 기를 받고 성품이 선까지 쌓는다면 어찌 일신만

이 누리는 복으로 그치겠는가? 자자손손 부귀영화를 누리는 것은 이치상 당연하다.(『삼명통회』,「원조화지시」)

청나라 시대인 1776년에 심효첨은 『자평진전』을 지었습니다. 『자평진전』은 "천지간에는 하나의 기가 있고 다만 움직임과 고요함이 있으니 이에 음양으로 나뉘었고, 노소가 있으니 이에 사상으로 나뉘었다. 노라는 것은 동(動)함과 정(靜)함이 극에 이른 시기이니 이것은 태양과 태음이다. 소는 처음 동(動)하고 처음 정(靜)하는 때이니 이것은 소양과 소음이다. 이리하여 사상이 있고 오행은 그중에서 갖추어졌다. 수는 태음이고 화는 태양이며 목은 소양이고 금은 소음이며 토는 음양의 노소인 목화금수의 충기가 뭉친 것이다."(『자평진전』,「논십간십이지」)라고 하여 인간의 기원에 대해 논합니다. 즉 하늘의 기가 음양에서 사상으로 분화되어 땅에 스며들었는데, 인간은 목화금수의 기가 응결된 토의 기운을 타고난 존재여서 천지와 상통할 수 있으며, 따라서 음양오행의 법칙에서 벗어나지 않는다는 것입니다.

또한 『자평진전』은 "오직 토만이 목화금수의 충기를 다할 수 있으며 사계절에 붙어서 왕성하다. 이것이 음양기질의 이치여서 그러한 것이다. 명을 배우는 자는 반드시 먼저 간지의 이치를 알아야 한다."(『자평진전』,「논십간십이지」)고 하여 음양오행이 상의 형태로 표현되는 간지를 이해하는 것이 명을 이해하는데 중요한 전제임을 말하고 있습니다. 이리하여 간지로 표현된 인간의 운명은 "간지의 각 글자마다 생하고 극함으로 길흉이 나누어진다."(『자평진전』, 「논생극선후분길흉」)는 결론에 도달합니다. 실제로 사주팔자의 간명에서는 천간지지의 각 글자간의 생극제화를 살피는 것이 가장 중요합니다. 또한 "사람이 하늘과 땅 사이에 살아가면서 고개를 쳐들고 스스로를 귀하게 여기는 이치는 전혀 없다는 것을 아는가? 비록 귀함이 천자에 다다른 자일지라도, 천자의 할아버지라 할지라도 하늘의 뜻은 임하기 때문이다."(『자평진전』, 「논정관」), "영웅호걸이 때를 만나면 절반의 노력으로 두 배의 능력을 발휘하고, 때를 잘못 만나면 아무리 기이한 재능이 있어도 성공하기 힘들다."(『자평진전』, 「논용신배기후득실」)고 하여 『삼명통회』처럼 인간의 운명에 있어서 때의 중요성을 강조합니다.

임철초(任鐵樵, 1773-?)는 1840년대 후반에 자평명리학의 완성이라고 할 수 있는 『적천수천미』를 지었습니다. 임철초는 "천간은 천원이고 지지는 지원이며 지장간은 인원이다. 사람들의 부여받은 명이 하나도 같지 않으나 모두 삼원의 이치를 벗어나지 못한다. 따라서 이것을 만법의 근원이라고 한다. 음양의 근본은 태극이고 이것을 제재(帝載)라고 하고, 오행은 사시에 펼쳐지는데 이것을 신공(神功)이라고 하니, 삼재의 통계는 만물의 본원이 된다."(『적천수천미』, 「통신론」)고 하여 인간의 운명이 각기 다르기는 하지만 천지인삼재의 원리에서 벗어나지 않으며, 음양오행이 천지인삼재의 통일된 운동의 근거가 된다고 하였습니다. 또한 임철초는 "오기(五氣)가 하늘에 있으면 원형이정이고 땅에서는 사람에게 부여해서는 인·의·예·지·신의 본성이 된다."(『적천수천미』, 「육신론」)고 하여 명리학의 지향점이 유학의 직관적인 운명 인식을 중화사상, 용신, 격국, 행운이라는 체계를 통해 구체적으로 해석함에 있다고 밝힙니다.

3. 기독교 예정론과 명리학 운명론의 비교

성서에 등장하는 강력한 사상 중의 하나이며 사도 바울과 요한의 서신에도 빈번하게 모습을 드러내고 있는 기독교의 예정론은 초대 교부인 어거스틴에 의해 비로소 체계화됩니다. 어거스틴은 신앙이 인간이 아니라 하느님으로부터 시작한다고 했습니다. 어거스틴이 이러한 주장을 펼친 것은 스스로의 체험에 기인한 것인데, 그는 젊은 시절 이교도에 빠져 기독교를 부정했으며 성적으로 방탕한 삶을 살았습니다. 그러나 하느님으로부터 비롯됐다고 밖에 말할 수 없는 신비한 체험 후에 기독교인이 되었는데, 이러한 경험이 그로 하여금 구원과 예정의 주체가 인간이 아니라 하느님이라는 결론을 내리게 합니다.

이러한 어거스틴의 주장을 종교개혁기의 칼빈이 이어받게 됩니다. 칼빈은 예정에 있어서 가장 궁극적인 것을 하느님의 의지라고 하여 어거스틴의 예정론을 확증합니다. 더 나아가 칼빈은 선택의 주체는 삼위일체 하느님이며, 성부 하느님의 의지와 성자 예수 그리스도 안에서의 선택은 성령의 역할로 인해 마무리된다고 주장합니다. 누구를 선택하는 것은 곧 다른 누구를 버리게 된다는 이중예정설을 주장한 칼빈은, 이 이론이 선택받지 못한 사람들에게 매우 잔혹한 이야기처럼 들릴 수 있지만 전혀 그렇지 않다고 주장합니다. 가령 우리가 반려동물을 입양하는 과정에서 생길 수 있는 일들을 상상해 보겠습니다. 이웃집 고양이가 일곱 마리의 새끼를 낳았습니다. 그리고 그 일곱 마리는 사람들의 선택에 따라 뿔뿔이 흩어질 것입니다. 그중에 제가 두 마리를 입양하여 소위 금수저의 삶을 제공할 수 있습니다. 한편 나머지 다섯 마리들의 운명은 어떻게 되었을까요? 아마도 운명이 다 같지는 않을 것이고 벌써 길가로 나앉은 고양이도 있을 것입니다. 이처럼 고양이들조차 같은 배에서 태어나서 서로 다른 길을 걸어갑니다. 사람의 운명도 이와 비슷하지 않은가요? 문제는 제가 두 마리를 선택할 때 나머지 다섯 마리의 운명을 전혀 고려하지 않았다는 점입니다. 제가 일곱 마리 모두에게 금수저를 물려주려고 생각하지 않았다는 것입니다. 그래서 저는 제가 선택하지 않은 나머지에 대해 아무런 죄의식이 없습니다. 그들 역시 제가 선택하지 않은 것에 대해 저를 원망하지 않았을 것입니다.

칼빈은 어쩌면 하느님의 선택도 이러한 것이 아닐까하고 우리에게 말합니다. 그리고 하느님의 선택을 받는 것은 부귀영화를 누리는 길이기보다는 통상적으로 더 많은 고통을 수반하는 경우가 허다합니다. 하느님으로부터 선택받은 예수의 열두 제자는 대부분 순교로 생을 마감하였습니다. 이는 현세적 가치를 추구하는 명리학의 입장에서 보면 매우 불행한 일입니다. 그러나 하느님의 선택은 현세를 넘어서서 내세까지 영향을 끼치는 사건이기에 이들이 불행했다고 단언할 수 없습니다. 그래서 하느님의 선택은 현세의 부귀영화가 아니라 선택된 사람에게 영생을 부여하는 선택인 것입니다. 즉 하느님께 선택을 받지 못하였다고 해서 그들 역시 하느님을 원망하지 않을 것이라고 칼빈은 주장합니다. 따라서 선택받은 자들이나 그렇지 못한 자들이나 그 선택에 대해 별 불만이 없을 거라는 것이 칼빈의 견해입니다. 이렇게 보면 예정설이 아주 냉혹한 교리만은 아닙니다. 또한 칼빈은 선택받지 못한 자들은 선택의 기회가 주어져도, 즉 주위에서 '지금이 바로 회심의 기회'라고 알려줘도, 더욱 강퍅해지는 마음으로 인해 그 기회를 외면한 채 더욱 깊은 수렁으로 빠져드는 특징이 있다고 합니다. 이처럼 칼빈의 예정론은 외부의 영향력이 절대적이라는 측면에서 명리학의 운명론과 비슷한 성격을 띠고 있습니다. 다만 그 적용 범위가 현세에 국한되는 명리학보다는 시간과 공간을 초월하여 영원까지 이어지는 선택이라는 점에서 그 성격이 다르다고 할 수 있습니다.

바르트의 예정론은 어거스틴, 칼빈의 예정론과는 그 성격을 달리합니다. 바르트에게 있어서 예정이란 하느님이 예수 그리스도에게 인간의 모든 죄를 감당케 하시고 인간을 구원과 생명에서 선택하신 사건, 곧 은혜의 선택을 뜻합니다. 그렇다면 바르트의 예정론에서 개인의 구원은 어떻게 이루어질까요? 바르트는 최초 인간인 아담의 타락, 곧 죄에 참여하고 있는 인간을 '불경한 자', '고립된 자' 등으로 부릅니다. 이 무리는 타락 전에 하느님으로부터 개별성의 권위와 권한을 받았으나 하느님께 그것을 대립하여 내세움으로써, 이제는 그것을 잃고 자신의 계획과 행동에 따라 살아가는 멸망의 무리에 속하게 되었다고 합니다. 그런데 하느님은 창세전부터 예수 그리스도 안에서 이 멸망의 무리 모두를 구원할 것을 선택하시기로 예정하고, 예수 그리스도로 하여금 멸망의 무리와 불경건한 자가 받아야 할 저주를 대신 감당케 합니다. 결국 하느님은 예수 그리스도가 모든 인간을 대신해서 버림받게 하시고 이를 통하여 인간 모두를 선택하시는 것입니다. 이러한 바르트의 예정론은 논리적으로 모든 사람이 구원을 받을 수 있다는 만인구원설로 귀결됩니다. 따라서 어거스틴, 칼빈의 것과는 전혀 다른 성격의 예정론인 것입니다.

공자로부터 연유한 유학의 운명론은 공자 자신의 경험과 멀리 떨어져 있지 않았습니다. 원대한 꿈이 있었으나 그것이 실행되지 않고 자주 벽에 부딪힘을 느끼게 될 때, 공자는 운명이라는 단어를 떠올렸습니다. 정부의 고위직에 올라 자신의 경륜을 펼쳐보고 싶었지만 운명은 호락호락하지 않았습니다. 사람이 실천하고 부딪쳐 봐야만 자신의 한계를 아는 것처럼, 공자 역시 그러한 방법을 통해 자신의 운명의 한계를 알게 되었습니다. 맹자는 공자의 천명론을 이어받아 더욱 심화시켰습니다. 공자의 천명은 개인의 운명이라는 의미도 포함하고 있지만, 동시에 개인을 초월하여 하늘과 인간 사이의 마땅한 관계를 의미하는 사명의 개념도 포함하고 있었습니다. 즉 맹자에게 있어서 인간은 사명과 운명을 동시에 짊어진 존재였습니다. 순자의 경우는 전혀 다른 운명관을 표방합니다. 하늘과 사람은 별개이고 서로의 직분이 다르다는 그의 논리는, 인간이 운명의 희생자가 되기를 거부하고 자신의 운명을 개척하도록 독려합니다.

전한시대의 동중서는 기존의 유학 사상에 음양오행론을 가미하여 인간과 하늘이 동류로서 상동하다고 말합니다. 그리고 하늘과 인간을 연결하는 매개체로서 기가 있음을 주장합니다. 이 기로 인해 천인감응이 이루어지는 것입니다. 그는 이 이론을 통해 군주를 하늘과 동일시합니다. 특정한 현실 세계에서 주군은 황극과도 같은 존재이기에, 당시 군주가 얻고자 했던 절대성을 동중서의 이론이 뒷받침 해준 것입니다. 우리는 냉철한 자연 철학자인 왕충의 사상에서 현대까지 내려오는 자평명리학의 철학적 단초를 찾을 수 있습니다. 하늘은 자신이 품은 기에 따른 운행 법칙을 가진 존재입니다. 인간은 이러한 기운의 지배를 받기 때문에 태어나는 순간부터 길흉이 정해집니다. 따라서 왕충의 입장에서는 탄생 때 어떤 기운을 받았느냐가 매우 중요합니다. 기의 깨끗함과 탁함, 두터움과 빈약함에 따라 사람의 현명함과 어리석음, 수명의 길고 짧음, 선함과 악함, 부유함과 귀함, 가난함과 천함이 결정됩니다. 또한 왕충은 인간은 정해진 운명의 한계가 있어서 그것을 뛰어넘으려는 순간, 운명이 그 사람을 제자리로 돌려놓고 만다는 냉철한 운명론을 제시합니다. 명리학의 운명론은 전통 유학과 동시대의 성리학의 운명론을 받아들인 것뿐만 아니라 도가와 불교의 영향도 받았습니다. 이처럼 명리학은 여러 운명론에 영향을 받고 자신만의 술수 체계를 확립하기 위해 그 성립 시기가 늦어진 것이라고 볼 수 있습니다.

자연과 인간의 삶을 관찰한 끝에 얻게 된 운명에 관한 통찰은, 송나라 시대의 자평명리학의 성립으로 인해 더욱 정교한 예측이 가능한 경지로 들어서게 됩니다. 자평명리학으로 인하여 운명을 논하는 학의 시대에서 운명을 풀이하는 술의 시대로 넘어가게 되는 것입니다. 자평명리학은 중화사상, 용신, 격국, 행운을 주요 내용으로 삼고 있습니다. 명리학에서의 중화란 사주가 균형을 이루는 모습인 평형의 상태를 지향함을 의미합니다. 이는 궁극적으로 사주 안에서 음양오행과 한난조습이 어느 한 쪽에 치우침이 없는 상태를 의미합니다. 이처럼 중화는 사람 명의 길흉화복을 좌우하는 관건이지만 현실상 중화된 사주는 매우 드물고 대개 한쪽으로 치우치게 마련입니다. 이럴 경우 중화를 실현하도록 하는 음양오행의 간지가 바로 용신입니다. 용신이란 사주팔자의 중화를 달성하는 천간 혹은 지지로서 사주명리 체계에 있어 중화사상의 핵심 요소입니다. 격국은 중화사상, 용신과 더불어 자평사주에서 가장 핵심이 되는 내용입니다. 그리고 중화와 용신은 격국의 틀 안에서 이해되어야만 비로소 의미를 찾을 수 있습니다. 따라서 격국은 자평명리학을 완결하는 중요한 개념입니다. 행운은 외부에서 찾아드는 운으로 자평명리학을 구성하는 핵심 요소입니다. 유학의 운명론과 여러 사상의 정명론이 음양오행의 생활적 표현인 간지역법과 자평명리학 고유 체계인 중화, 용신, 격국, 행운이론을 통하여 해석의 구체성을 얻게 됩니다.

결론적으로 기독교 예정론은 하느님의 선택에 의하여 지금의 생과 더불어 내세의 생까지 포괄합니다. 또한 예정론에서는 과연 마지막에 누가 구원을 받을지는 하느님의 의지에 달려 있기 때문에, 지금 현세에서는 각 개인에게 어떤 운명이 예정되어 있는지 파악할 수 없습니다. 반면 명리학의 운명론은 사람이 태어날 때 자연을 맴돌던 기가 호흡과 동시에 인간에게 전해져서 현세의 운명이 칠할 정도 정해진다고 봅니다. 따라서 명리학에서는 자연의 변화를 읽어내는 음양오행과 간지가 중요합니다. 그 음양오행이 배속된 간지가 사주팔자를 이루고 이 사주팔자에 의해 인간의 현세적인 운명이 어느 정도 결정되는 것입니다. 이 운명론의 관심사는 현세에서의 각 개인의 길흉화복입니다. 즉 예정론은 내세의 구원이, 운명론은 현세에서의 길흉화복이 가장 큰 관심사입니다. 이것이 두 이론의 차이점입니다. 그렇다면 이 두 이론의 공통점은 무엇일까요? 인간의 삶은 인간 스스로가 결정하는 것이 아니라는 점입니다. 각각 하느님과 자연에 의해 결정됩니다. 이 두 요소는 모두 외부의 작용이며 따라서 인간의 자기 결정권은 매우 협소할 수밖에 없다는 것이 두 이론의 공통점입니다.

5장 기독교와 명리학의 공존 가능성 모색

기독교 예정론과 명리학 운명론은 각각 특별 섭리와 일반 섭리 안에 포함되는데, 왜냐하면 기독교 예정론은 신의 직접적인 개입에 의한 특별 섭리로, 명리학 운명론은 신에 의해서 위임된 일반 섭리로 볼 수 있기 때문입니다. 따라서 기독교 예정론과 명리학 운명론은 기독교의 섭리 안에서 양립할 수 있으며, 이러한 이유로 인해 기독교와 명리학은 공존이 가능한 것입니다.

기독교의 전래 초기, 한민족에 의한 복음의 수용과정은 필연적으로 전통 종교와의 조우를 가져왔습니다. 그러나 한국에 들어온 서구 선교사들과 신학은 기독교와 전통 문화 및 종교와의 조우를 허락하지 않았습니다. 전통 종교들은 무조건 기독교와 양립이 불가능한 것으로 간주되었습니다. 더구나 기독교와 전통 종교와의 관계는 당시 신학과 신앙의 현안도 아니었습니다. 이러한 입장은 서구 과학문명의 유입을 통한 한국 사회의 근대화 과정에서 지지를 얻은 것처럼 보였습니다. 왜냐하면 한국 사회가 탈 전통을 추구했으며 서구화와 세속화를 시대정신으로 받아들였기 때문입니다. 그러나 이제는 서구 기독교의 경험을 통해 한국 사회를 분석하고 진단하는 것이 아니라, 한국 사회의 내부자적인 입장에서 한국 기독교와 전통 종교들 사이의 관계를 새롭게 정립해야 하는 도전이 우리 앞에 놓여 있습니다. 이러한 점에서 명리학도 예외는 아닙니다.

따라서 본 책은 기독교와 명리학의 관계 정립을 위해 기독교와 명리학의 자연관, 인간관, 사회관 그리고 운명관을 비교하였습니다. 이와 같은 과정을 통하여 기독교와 명리학의 공존 가능성을 모색하려는 이유는 명리학이 미신이라는 세간의 편견, 특히 기독교계의 편견을 불식시키고 이 학문을 양지로 끌어내어 인생 상담의 한 방법론으로서 자리매김하려는 데 있습니다. 그러기 위해서는 기독교와 명리학의 공존 가능성을 증명하는 것이 필요합니다. 그러나 과연 이처럼 이질적인 두 사상의 공존은 가능한 것일까요? 따라서 본 장은 기독교 예정론과 명리학 운명론을 중심으로 기독교 교리인 '섭리'를 사용하여, 기독교와 명리학의 공존 가능성에 대한 결론을 내리고자 합니다. 칼빈은 『기독교강요』에서 섭리를 다음과 같이 정의합니다.

"첫째로 하느님의 섭리는 과거에 관한 것임은 물론 미래에 관한 것이기도 하다는 것을 생각해야 한다. 둘째로 섭리는 모든 일을 결정짓는 원리로서, 때로는 매개체를 통해서 역사하고, 때로는 매개체가 없이 역사하고, 때로는 모든 매개체에 반하여 역사한다는 것이다. 마지막으로 하느님의 섭리는 온 인류를 향하신 그의 보살피심을, 그러나 특히 그가 더 면밀하게 주시하시는 그의 교회를 다스리면서 기울이시는 그의 경성(警醒)하심을 드러내고자 하는 목적을 위해 역사한다는 것이다."

미국의 신학자이자 목사인 조엘 비키는 "사람들은 '하느님의 통치적 섭리는 모든 생각과 말, 욕망과 행동 그리고 피조물의 모든 일들, 과거, 현재, 미래 등 모든 것을 포함하고 있다'는 칼빈의 믿음을 인정하며, 칼빈이 에페소서 1장 11절의 '모든 것을 뜻하시는 대로 이루시는 하느님'이라는 구절에 근거를 두고 자신의 섭리론을 확정하였음도 알 수 있을 것이다."라고 하여 칼빈의 주장을 뒷받침하고 있습니다.

이처럼 섭리는 모든 것의 가장 기본적인 관계입니다. 우주를 창조하고 그 안에 있는 모든 것을 다스릴 수 있는 권리가 하느님에게 있다는 것에는 추호도 의심의 여지가 없습니다. 그러므로 하느님의 섭리는 그리스도인 개개인에 대한 관심과 모든 그리스도인, 즉 교회에 대한 관심 그리고 생물과 무생물을 망라한 모든 창조 세계를 향한 관심과 연관되어 있습니다. 섭리를 나타내는 라틴어 프로비덴티아(providentia)의 어원적 의미는 미리 보는 것(pro-videre)인데, 하느님이 인간과 세계를 미리 정한 목적에 따라 이끄는 의지로 해석합니다. 따라서 하느님의 모든 섭리는 예정적이고, 하느님의 모든 예정은 섭리적입니다. 즉 섭리가 기독교 신학에서 사용될 때는 예견되고 예비된 것을 추진한다는 뜻을 지니고 있습니다. 따라서 섭리는 세계에 대하여 하느님이 지니는 모든 관계들, 이를테면 선택, 예정, 구원, 역사와 종말론 등을 포함하는 것으로 광범위하게 해석되고 있습니다.

또한 칼빈은 섭리를 특별 섭리와 일반 섭리로 구분합니다. 즉 섭리는 그 대상에 따라 특별 섭리(providentia specialis)와 일반 섭리(providentia generalis)로 구분됩니다. 따라서 기독교 신학의 섭리는 이중적이라고 할 수 있습니다. 특별 섭리는 하느님이 피조물들을 직접적, 개별적으로 돌보는 의지입니다. 바다와 해를 멈추며 처녀를 잉태하게 하고 죽은 자를 다시 살리는 것과 같은 기적은 그래서 가능합니다. 즉 특별 섭리는 하느님을 믿는 자들의 삶과 활동에 대한 하느님의 직접적인 돌보심을 뜻합니다. 이는 모든 섭리의 중심으로서, 하느님의 자녀로 부르심을 받은 자에 대한 기도 응답, 고통에서의 구원, 위험에서의 보호 등으로 나타납니다. 따라서 사람들이 신앙을 갖게 되는 계기인 신비 체험 역시 특별 섭리의 일종이라고 할 수 있습니다. 반면 일반 섭리는 하느님이 피조물을 창조할 때 부과한 법칙, 곧 우리가 보통 자연법칙이라고 위임해 돌보는 의지입니다. 여기에는 자연의 변화를 지배하는 과학 법칙뿐 아니라 인간의 행동을 좌우하는 자유의지도 포함되어 있습니다. 다시 말해 하느님은 자연에 대하여 그 스스로 우연적이고 자발적으로 운행하는 자연법칙을 주었고, 인간에게도 그 스스로 우연적이고 자발적으로 결정할 수 있는 자유의지를 주었는데, 모든 고통과 불행과 죽음을 불러오는 자연의 악과 인간의 악이 바로 여기서 나옵니다. 따라서 일반 섭리에 따르면 하느님은 세상만사의 세부적이고 개별적인 측면에 대하여 능동적으로 다스리거나 통제하려 하지 않는다는 것입니다.

그렇다면 기독교 예정론은 하느님의 섭리 중 어디에 속할까요? 신이 개별적인 인간을 선택해서 그의 삶에 직접적으로 개입하고, 돌봄을 통해 구원에 이르게 한다는 예정론은 특별 섭리에 속합니다.

한편 명리학의 운명론은 일반 섭리에 속할 수 있을까요? 자연이 구체적인 변화와 생성으로 드러날 때 거기에는 하나의 보편적인 법칙성이 존재합니다. 그것은 모든 변화와 생성들이 반드시 일정한 패턴과 방향성을 내재적인 법칙으로 지니고 있기 때문입니다. 자연법칙에 관한 위의 내용은 음양오행론에도 해당됩니다. 명리학에서는 인간 역시 음양오행의 법칙을 따르기 때문에, 간지로 전환된 음양오행을 분석하면 어느 정도 인간의 운명에 대한 예측이 가능하다고 봅니다. 그 이유는 사람의 운명은 사주 구성의 유정과 무정, 유력과 무력의 차이에서 기인한 것으로, 사주의 배합에 따라 각 글자의 생극에 의해 길흉이 나누어지기 때문입니다. 그리하여 한 사람의 생을 논하면서 "만약 싹이 가을 가뭄을 만나면 겨울에 창고가 텅 비고 꽃이 봄에 서리를 만난다면 여름에 열매가 열리지 못한다. 지모와 사려가 있어도 이룰 수 없다. 자전축을 기틀로 하늘을 되돌릴지라도 공과 업의 세움은 따르지 않는다."(『연해자평』, 「애증부」)고 말하는 것입니다.

따라서 명리학의 근거가 되는 자연법칙인 음양오행론은 신이 하늘과 땅, 인간에게 자율권을 부여하여 스스로가 그 운명을 감당케 한다는 일반 섭리에 속한다고 볼 수 있습니다. 왜냐하면 일반 섭리는 하느님이 피조물을 창조할 때 부과한 법칙, 곧 우리가 보통 자연법칙이라고 부르는 것에 그 통치권을 위임하는 것이고, 동아시아문화권에서는 바로 음양오행론이 거기에 해당되기 때문입니다. 따라서 음양오행론에 바탕을 둔 명리학 운명론은 기독교의 일반 섭리에 속할 수 있습니다.

즉 기독교 예정론과 명리학 운명론은 각각 특별 섭리와 일반 섭리 안에 포함되는데, 왜냐하면 기독교 예정론은 신의 직접적인 개입에 의한 특별 섭리로, 명리학 운명론은 신에 의해서 위임된 일반 섭리로 볼 수 있기 때문입니다. 따라서 기독교 예정론과 명리학 운명론은 기독교의 섭리 안에서 양립할 수 있으며, 이러한 이유로 인해 기독교와 명리학은 공존이 가능한 것입니다. 이러한 공존주의적 관점은 한 사람의 인생행로를 설명하는데 있어서도 설득력을 갖습니다. 독실한 신앙을 가진 사람이 있다고 가정하겠습니다. 우리가 하느님이 아니기에 백 퍼센트 확신할 수 없으나 아마도 이 사람은 하느님의 특별 섭리에 의해 선택받은 자라고 추측할 수 있습니다. 그러나 이 사람은 동시에 신이 자연에게 부여한 일반 섭리의 제약을 받는 자로서, 신실함의 여부에 관계없이 현실에서는 흉과 화를 당하면서 살 가능성도 있습니다. 반대로 신에 의한 선택의 여부에 상관없이 누가 봐도 악인이라고 여겨지는 사람이, 일반 섭리에 속하는 잘 배합된 음양오행의 혜택을 받아 길함과 복을 누리는 경우도 매우 흔합니다. 이처럼 한 사람의 운명을 특별 섭리와 일반 섭리의 두 가지 차원에서 바라봄으로써, 우리는 현실에서 펼쳐지는 삶의 입체적인 양상을 좀 더 분명하게 이해할 수 있습니다. 이것은 인간이 흙으로 만들어진 유한하고 물질적인 존재인 동시에 하느님의 입김을 품은 초월적이고 영적인 존재이어서, 결국 두 섭리의 제약 아래 놓일 수밖에 없는 운명임을 말하고 있는 것입니다. 그리고 흙으로서의 인간에 대해 가장 탁월한 통찰을 제공하는 학문이 바로 명리학입니다.

더불어 명리학의 운명론은 인간에게 자유의지의 영역을 남겨둠으로써 기독교의 인간관을 손상하지 않습니다. 왜냐하면 명리학이 여전히 풀지 못하는 인간 운명의 영역이 있기 때문입니다. 사주 간명을 통해 한 사람이 예술가가 될 수 있는 운명을 지니고 태어났다고 가정해 보겠습니다. 그런데 명리학은 이 사람이 구체적으로 어떤 예술 분야에서 종사하게 될 것인가에 대한 답은 주지 못합니다. 이것이 명리학으로 풀어낸 인간 운명의 한계입니다. 예술가의 운명을 타고난 사람이 자기에게 꼭 맞는 분야를 찾기 위해서는 여러 예술 분야에 뛰어들어 자신에게 가장 맞는 분야가 무엇인지를 직접 검증해가는 실천의 영역이 존재하기 때문입니다. 그러나 예술가로 태어난 사람을 직장이 안정되고 보수가 좋다는 이유로 은행원이 되라고 몰아세운다면, 그것은 자신뿐만 아니라 그를 예술가로 태어나게 한 신과 하늘, 그리고 사회에 대해서도 불행한 일이 됩니다.

운칠기삼이라는 사자성어가 있습니다. 운이 칠할이고, 기량, 즉 재주가 삼할이라는 뜻입니다. 곧 모든 일의 성패는 운이 칠할을 차지하고 노력이 삼할을 차지하는 것이어서, 결국 운이 따라주지 않으면 일을 이루기 어렵다는 뜻입니다. 노력해서 될 일을 하는 것이 아무리 노력해도 안 될 일을 하는 것보다 훨씬 낫습니다. 성서에는 "하늘과 땅에 있는 것 어느 하나 하느님의 것 아닌 것이 없습니다. 온 세상 위에 군림하시어 다스릴 이 야훼뿐이십니다. 부귀영화는 하느님께서 주시는 것, 하느님께서는 세상의 통치자이십니다."(역대상 29:11-12)라는 말씀이 있습니다. 성서는 인간에게 부귀영화를 부여하는 주체가 하느님이라고 말하고 있습니다. 공자 역시 이렇게 말했습니다. "부가 구해서 얻을 수 있는 것이라면 나는 말채찍을 잡는 일이라도 하겠다. 그러나 만약 구해서 얻을 수 있는 것이 아니라면 내가 좋아하는 것을 따르겠다."(『논어』, 「술이」) 이처럼 성서와 공자의 말씀에는 인간의 운명을 꿰뚫는 지혜와 통찰이 담겨 있습니다.

또한 명리학은 상담의 한 분야로서 충분한 잠재력을 가지고 있습니다. 이제는 명리학이 진로와 적성 상담을 포함한 상담의 한 방법론으로서, 그 학문이 가지고 있는 가치만큼의 정당한 대우를 받을 때가 되었다고 생각합니다. 따라서 명리학이 안고 있는 문제는 학문 자체의 문제라기보다는 역사를 통해 겹겹이 쌓여온 편견과 더불어, 명리학을 활인(活人)의 도구가 아니라 사익을 채우는데 이용한 일부 몰지각한 술사들의 태도에도 기인합니다. 물론 명리학에 대한 편견이 사라지고 양지로 나오기 위해서는 음지에서 있었던 만큼의 시간이 필요할지 모릅니다. 성서와 공자의 통찰처럼, 명리학이 이 땅에서 더는 홀대받지 않고 우리에게 삶에 대한 이해와 지혜를 전해주는 양지의 학문으로 그 위상이 높아지기를 기대해 봅니다.

참고한 책

1. 원전자료

『論語』『論衡』『道德經』『晦庵集』『孟子』『孟子集註』『三命通會』『書經』『性理大全』『荀子』『淵海子平』『子平眞詮』『莊子』『滴天髓』『周易』『朱子大全』『中庸』『春秋繁露』『漢書』『皇極經世書』

2. 단행본

가스펠 서브 기획·편집, 『교회용어사전』, 생명의말씀사, 2013.

고병권, 『니체의 위험한 책, 짜라투스트라는 이렇게 말했다』, 그린비, 2003.

곽신환, 『주역의 이해』, 서광사, 2003.

그리스도교 대사전 편찬위원회, 『그리스도교 대사전』, 대한기독교서회, 1972.

김균진, 『헤겔과 바르트』, 대한기독교서회, 1983.

김동화, 『원시 불교사상』, 보연각, 1992.

김득중, 『신약성서개론』, 컨콜디아사, 1986.

김만태, 『명리학강론』, 동방문화대학원대학교, 2017.

_____, 『한국 사주명리 연구』, 민속원, 2011.

김상환, 『근대적 세계관의 형성』, 에피파니, 2018.

김성태, 『격국과 용신』, 새움, 2006.

_____, 『육신-세상은 누구의 것인가』, 텍스트북스, 2009

김영길, 『그리스도교 윤리』, 대한기독교서회, 1998.

김용규, 『영화관 옆 철학카페』, 이론과 실천, 2002.

_____, 『백만장자의 마지막질문』, 휴머니스트 출판그룹, 2013.

김일권, 『동양 천문사상 하늘의 역사』, 예문서원, 2007.

김상환, 『근대적 세계관의 형성』, 에피파니, 2018.

대한성서공회, 『공동번역 성서』, 2004.

래이먼드 블래크니 지음, 이민재 옮김, 『마이스터 에크하르트』, 다산글방, 1994.

레즐리 스티븐 지음, 임철규 옮김, 『인간의 본질에 관한 일곱 가지 이론』, 종로서적, 1981.

박재완, 『명리요강』, 역문관서우회, 1988.

본회퍼 지음, 손규태·정지련 옮김, 『저항과 복종』, 대한기독교서회, 2010.

송인창, 『천명과 유교적 인간학』, 심산, 2011.

어윤형·전창선, 『오행은 뭘까?』, 와이겔리, 2009.

에버하르트 베트게 엮음, 고범서 옮김, 『디트리히 본회퍼의 옥중서간』, 대한기독교서회, 1967.

오강남, 『예수는 없다』, 현암사, 2001.

오웬 토마스 지음, 이재정 외 옮김, 『요점조직신학』, 대한기독교서회, 1993.

윌리엄 A. 스코트 지음, 김쾌상 옮김, 『개신교 신학 사상사』, 대한기독교서회, 1987.

윤무학, 『순자-통일제국을 위한 비판 철학자』, 성균관대학교출판부, 2004.

이재천·조규천 편저, 『뜻도 모르고 자주 쓰는 우리 한자어 1000가지』, 위즈덤하우스, 2008.

이허중 지음, 김정혜 옮김, 『이허중명서』, 이담북스, 2012.

장립교 지음, 김교빈 외 옮김, 『기의 철학』, 예문서원, 2004.

정재현, 『티끌만도 못한 주제에』, 분도출판사, 1999.

정치학 대사전 편찬위원회, 『21세기 정치학대사전』, 아카데미아리서치, 2002.

존 칼빈 지음, 박건택 편역, 「하느님의 영원한 예정에 관하여」, 『칼뱅작품선집』 Ⅶ, 총신대학교 출판부, 2011.

존 칼빈 지음, 원광연 옮김, 『기독교 강요』(상) 크리스찬 다이제스트, 2003.

_____, 『기독교 강요』(하) 크리스챤 다이제스트, 2003.

존 칼빈 지음, 한국 칼빈주의 연구원 옮김, 『칼빈의 예정론』, 기독교문화사, 1997.

진입부 지음, 정인재 옮김, 『중국철학의 인간학적 이해』, 민지사, 1992.

채인후 지음, 천병돈 옮김, 『맹자의 철학』, 예문서원, 2000.

칼 바르트 지음, 황정욱 옮김, 『교회교의학』(4) II/2, 대한기독교서회, 2007.

프랜시스 베이컨 지음, 전석용 옮김, 『신기관』, 한길사, 2001.

폴 리쾨르 지음, 양명수 옮김, 『악의 상징』, 문학과 지성사, 1994.

폴 헬름 지음, 이승구 옮김, 『하나님의 섭리』, 한국기독학생회 출판부, 2004.

풍우란 지음, 박성규 옮김, 『중국철학사』(상), 까치, 2015.

필립 샤프 편, 차종순 옮김, 『어거스틴의 은총론』(4), 한국장로교 출판사, 1996.

한국사상사 연구회 편저, 『조선 유학의 자연철학』, 예문서원, 1998.

_____, 『조선유학의 개념들』, 예문서원, 2002.

한글학회, 『조선말 큰사전』, 어문각, 1992.

한정애, 『아우구스티누스에서 마틴 루터까지』, 다산글방, 2002.

황태연, 『실증주역』(상·하), 청계, 2008.

Bernard Mcguinn, 『The Mystical Thought of Meister Eckhart: The Man from Whom God Hid Nothing』, The Cross Publishing Company, 2001.

Hans Mol, 『Calvin for the Third Millennium』, ANU Press, 2008.

徐樂吾 註, 『窮通寶鑑』, 臺北: 武陵出版有限公司, 1996.

徐升 編著, 『淵海子平評註』, 臺北: 武陵出版有限公司, 1996.

沈孝瞻 原著, 徐樂吾 評註, 『子平眞詮評註』, 臺北: 集文書局印行, 1994.

劉伯溫 原著, 素庵老人 輯要, 『滴天髓輯要』, 臺南: 文國書局, 2013.

劉白溫 原著, 任鐵樵 增註, 袁樹珊 纂集, 『滴天髓闡微』, 臺北: 眞原文化事業有限公私, 2012.

張楠,『標點命理正宗』, 臺北: 武陵出版有限公司, 2001.

陳之遴 原著, 韋千里 編著,『精選命理約言』, 臺中: 瑞成書局, 2013.

許慎 撰, 殷玉裁 注,『說文解字注』, 上海: 上海古籍出版社, 1981.

3. 논문

강성인,「『淮南子』의 음양오행학설과 사주명리의 연관성 연구」, 동방문화대학원대학교 박사학위 논문, 2016.

고영택,「중국 삼대 명리서에 나타난 '명'과 '인간존재'에 대한 철학적 조명」, 대전대학교 대학원 박사학위 논문, 2010.

고효순,「명리학과 노장사상에 있어서 명에 대한 비교 연구」, 경기대학교 문화예술대학원 석사학위 논문, 2013.

권기성,「유교 인간론과 기독교 인간론의 비교 연구」,『한국행정학지』제4집, 한국행정사학회, 1995.

권정안,「유교의 세계관」,『정신문화연구』제8집, 공주대학교 동양학연구소, 2001.

권진관,「기에 대한 성령론적 고찰-장재와 화담을 중심으로」,『종교연구』제32집, 한국종교학회, 2003.

김권호,「기독교와 사회관심」,『고신대학교 논문집』제6집, 고신대학교, 1978.

김도훈,「현대 신학의 자연관」,『장신논단』제16집, 장로회신학대학교 기독교사상과 문화연구원, 2000.

김만태,「간지기년(干支紀年)의 형성과정과 세수(歲首)·역원(曆元) 문제」,『정신문화연구원』제38권 3호, 한국학중앙연구원, 2015년.

＿＿＿,「한국 사주명리의 활용양상과 인식체계」, 안동대학교 대학원 박사학위 논문, 2010.

＿＿＿,「명리학의 한국적 수용 및 전개 과정에 관한 연구」, 원광대학교 동양학대학원 석사학위 논문, 2005.

_____, 「서거정의 명리관(命理觀) 연구」, 『국학연구』 제22집, 한국국학진흥원, 2013.

김면수, 「명리원전 『자평삼명통변연원』 연구」, 동방문화대학원대학교 박사학위 논문, 2018.

김명숙, 「유기적 관점에서 본 율곡의 자연관과 인간관」, 『율곡사상연구』 제4집, 율곡학회, 2001.

김성애, 「명리학적 사회관과 그 한계에 관한 연구」, 공주대학교 대학원 박사학위 논문, 2017.

김영도, 「어거스틴의 전쟁관: 의로운 전쟁?」, 『선교와 신학』 제23집, 장로회신학대학교 세계선교연구원, 2009.

김일권, 「주역과 천문의 결합, 괘기상수역론의 고찰」, 『도교문화연구』 제43호, 한국도교문화학회, 2015.

김조년, 「기독교 사회관」, 『기독교문화연구』 제10집, 한남대학교 기독교문화연구원, 2005.

김종희, 「칼빈의 예정론」, 『기독교신학저널』 제4집, 기독신학대학원대학교, 2003.

김철완, 「명리학에 나타난 수양론의 유가적 탐구」, 대전대학교 대학원 박사학위 논문, 2013.

김　혁, 「선진유가 사상의 사회철학 연구」, 『순천향 인문과학논총』 제36권 2호, 순천향대학교인문학연구소, 2017.

남일재, 「맹자의 정치사상」, 동아대학교 대학원 정치학과 박사학위 논문, 1992.

남정호, 「근대 이후 명리와 서양 종교 간의 문화변동 현상」, 동방문화대학원대학교 박사학위 논문, 2017.

류근성, 「공자와 듀이의 인간론」, 『공자학』 제27집, 한국공자학회, 2014.

박해경, 「섭리론」, 『창조론오픈포럼』 제6권 2호, 창조론오픈포럼, 2012.

변문홍, 「동중서와 왕충의 천인관 비교 연구」, 부산대학교 박사학위 논문, 2009.

서대인, 「바울과 순자의 인간론 비교연구」, 서울신학대학교 대학원 석사학위 논문, 1992.

손영식, 「개인의 사회화와 사회의 개인화-성리학에서의 주체성의 문제」-『철학연구』 제29집, 철학연구회, 1991.

송인창, 「天, 命 그리고 天命」, 『동아시아 문화와 사상』 제3집, 동아시아문화포럼, 1999.

신용호, 「『명리약언』의 지명체계 연구」, 동방문화대학원대학교 박사학위 논문, 2018.

심규철, 「명리학의 연원과 이론체계에 관한 연구」, 한국정신문화연구원 한국학대학원 박사학위 논문, 2002.

_____, 「유,불,도 삼가의 운명론 -명리학 운명론의 사상적 연원을 찾아서」, 『주역철학과 문화』 제1집, 한국역경문화학회, 2003.

안교성, 「섭리론에 관한 한 연구-개혁신학의 전통에 입각하여」, 장로회 신학대학원 석사학위 논문, 1990.

안승석, 「동중서 정치사상에 관한 연구」, 대구한의대학교 박사학위 논문, 2018.

안종수, 「맹자의 자연관」, 『철학』 제44집, 한국철학회, 1995.

양신혜, 「칼빈의 예정론 이해」, 『한국개혁신학』 제49권, 한국개혁신학회, 2016.

원성현, 「칼빈의 사회사상」, 연세대학교 대학원 신학과 박사학위 논문, 2008.

유병우, 「기독교인의 사회관」, 『기독교언어문화논집』 제5집, 국제기독교언어문화연구원, 2002.

윤무학, 「천인관계를 통해 본 본원유교에서의 예와 법」, 『유교문화연구』 제2집, 성균관대학교 동아시아학술원 유교문화연구소, 2000.

이남호, 「기독교와 명리학의 양립가능성에 대한 고찰」, 『문화와 융합』 제40호, 한국문화융합학회, 2018.

이동훈, 「명리학 운명론에 관한 연구」, 경기대학교 예술대학원 석사학위 논문, 2017.

이대 환경교육 연구회, 「기독교의 자연관」, 『새가정』, 새가정사, 1974.

이명재, 「중국 고대 명리학의 연원과 체계」, 동방문화대학원대학교 박사학위 논문, 2017.

_____, 「서자평의 명리사상 연구」-『옥조신응진경』을 중심으로, 『중국학연구』 제66집, 중국학연구회, 2013.

이문장, 「종교학으로 본 한국 사회와 기독교 존재 의의」, 『목회와 신학』 189호, 두란노, 2005.

이승구, 「칼빈 신학의 현대적 해석; 칼빈의 예정론에 대한 한 고찰」, 『조직신학연구』 제1집, 한국복음주의조직신학회, 2002.

이인화, 「성서에 나타난 자연관의 생태 교육적 함의」, 『교육의 이론과 실천』 제14집, 한독교육학회, 2009.

이정배, 「유교적 자연관과 생태학적 신학」, 『신학과 세계』 제36집, 감리교 신학대학, 1998.

＿＿＿, 「기독교의 자연관」, 『한국종교학회』 제10집, 한국종교학회, 1994.

이호선, 「명리학에 적용된 신(神)의 의미에 관한 연구」, 경기대학교 문화예술대학원 석사학위 논문, 2015.

임원택, 「아우구스티누스의 예정론」, 『역사신학 논총』 제4집, 한국복음주의역사신학회, 2002.

전락희, 「공자정치사상의 이론적 구성과 그 이상」, 『퇴계학 연구』 제13·14·15집, 단국대학교 출판부, 2001.

정의록, 「명리학의 직업이론과 적성에 관한 연구」, 동방문화대학원대학교 박사학위 논문, 2010.

조용훈, 「기독교 자연관」, 『기독교문화연구』 제10집, 한남대학교 기독교문화연구원, 2005.

＿＿＿, 「동양의 자연관에 대한 기독교윤리학적 이해」, 『한국기독교신학논총』 제17집, 한국기독교학회 2000.

최복희, 「유교의 생태학적 한계와 전망」, 『생명연구(Studies on Life and Culture)』 제30집, 서강대학교 생명문화연구소, 2013, 116쪽.

최영찬, 「공자의 자연관」, 『범한철학』 제56집, 범한철학회, 2010 봄.

최정묵, 「인간 본성에 대한 선진유학적 논의」, 『동양철학과 현대사회』 제4집, 충남대학교 유학연구소, 2003.

C. 레스키비 · P. 그럴로 지음, 김경환 옮김, 「세상·세계」, 『신학전망』 제44호, 광주가톨릭대학교 출판부, 1979.

하재성, 「Calvin의 인간론: 일그러진 의지와 탁월한 이성」, 『복음과 상담』 제12집, 한국복음주의 기독교상담학회, 2009.

한귀란, 「백가쟁명(百家爭鳴)의 이슈와 아이디어」, 『칼빈논단』 제36호, 칼빈대학교, 2016.

Arthur Miskin, 「Calvin on Predestination」, 『Puritan Reformed Journal』 Vol.6, No.2, Puritan Reformed Theological Seminary, 2014.

Daniel Pellerin, 「Calvin: Militant or Man of Peace?」, 『The Review of Politics』 Vol.65, No.1, Cambridge University Press for the University of Notre Dame dulac on behalf of Review of Politics, 2003.

Jean Bethke Elshtain, 「Bonhoeffer on Modernity: "Sic et Non"」, 『The Journal of Religious Ethics』 Vol.29, No.3, Blackwell Publishing Ltd on behalf of Journal of Religious Ethics, Inc, 2001.

Helmut Koester, 「The Divine Human Being」, 『The Harvard Theological Review』 Vol.78, No.3/4, Cambridge University Press on behalf of the Harvard Divinity School, 1985.

Joel R. Beeke, 「Calvin on Sovereignty, Providence, and Predestination」, 『Puritan Reformed Journal』 Vol.2, No.2, Puritan Reformed Theological Seminary, 2010.

Langdon B. Gilkey, 「The concept of Providence in Contemporary Theology」, 『The Journal of Religion』 Vol.43, No.3, The University of Chicago Press, 1963.

Malcolm H. MacKinnon, 「Part I: Calvinism and the Infallible Assurance of Grace: The Weber Thesis Reconsidered」, 『The British Journal of Sociology』 Vol.39,

No.2, Wiley on behalf of The London School of Economics and Political Science, 1988.

Robert T. Osborn, 「Christ, Bible and Church in Karl Barth」, 『Journal of Bible and Religion』 Vol.24, No.2, Puritan Reformed Theological Seminary, 1956.

Susanna Ticciati, 「Reading Augistine Through Job: A Reparative Reading of Augustine's Doctrine of Predestination」, 『Modern Society』 Vol.27, No.3, Blackwell Publishing Ltd, 2011.

Willis Jenkins, 「After Lynn White: Religious Ethics And Environmental Problems」, 『The Journal of Religious Ethics』 Vol.37, No.2, Blackwell Publishing Ltd onbehalf of Journal of Religious Ethics, Inc, 2009.

찾아보기

ㄱ

가톨릭 31, 105, 107, 147

간지역법 10, 23, 39, 40, 43-45, 85, 180, 195, 208

갈라디아서 71

개혁교회 105, 133

격국(格局) 187, 188, 191-193, 194, 196, 201, 207, 208

견인의 은총에 관하여 145, 146

계사전(繫辭傳) 22, 40, 41, 52

계시 21, 27

고법명리(古法命理) 183, 192

공자(孔子) 34-36, 60, 74-78, 81, 84, 87, 89, 96, 112-121, 133, 134, 140, 159-162, 165, 167, 185, 205, 217, 218

공동체 93, 94, 100, 104, 105, 122, 156, 157

공존 10, 11, 34, 105, 211, 212, 215, 216

곽박(郭璞) 181, 183

관성(官星) 11, 97, 125-127, 135, 192

교회 11, 50, 94, 102-104, 106, 107, 109-111, 132, 133, 147, 154-157, 212, 213

구약 21, 31, 50, 63, 65, 101

구원 10, 68, 70, 71, 88, 89, 102, 104, 106, 109, 110, 139, 140, 143-156, 204, 205, 208, 213, 214

궁통보감(窮通寶鑑) 189

근대 5, 10, 22, 24, 27, 28-34, 105, 107, 133, 211

기독교 5-12, 21, 22, 24, 27-29, 31-34, 48-50, 52-60, 63, 66, 67, 70, 73, 74, 88-94, 96, 98, 101-104, 107-111, 132-135, 139, 140, 142, 143, 153, 154, 202, 208-216

기독교강요 107, 149, 151, 212

기질지성(氣質之性) 80, 123

ㄴ

년·월·일·시 40, 45, 47, 85, 176, 181

논어(論語) 35, 74, 75, 84, 113, 114, 141, 160, 161, 185, 197

논형(論衡) 171-174

능참(能參) 78, 166

니체(Friedrich Nietzsche) 87

니케아 공의회 48

ㄷ

대동사회 74, 115, 134

대운(大運) 194-196

대학(大學) 96, 123

데카르트(René Descartes) 29-31

도덕경(道德經) 177, 178

동류상동(同類相同) 168, 169

동중서(董仲舒) 43, 44, 61, 81, 167-171, 185, 206

ㄹ

로마서 5, 67, 72, 139, 145, 147

루가복음 77, 100

루아흐 50

루터(Martin Luther) 73

린 화이트 주니어(Lynn White Jr.) 32

ㅁ

마르크스(Karl Marx) 95

마태오복음 24, 75

만민영(萬民英) 51, 181, 198

매암집 176

맹자(孟子) 10, 34, 36, 60, 76-81, 89, 115-121, 127, 133, 134, 162-167, 205, 206

명리약언(命理約言) 188

명리요강(命理要綱) 188

명리정종(命理正宗) 190

명리학 5-12, 23, 33, 34, 39-41, 43, 44, 47, 48, 51-55, 61-62, 66, 81-85, 87-90, 97, 123, 124, 127-131, 134, 135, 141, 153, 157, 177-180, 182-184, 186-188, 191, 194-201, 204, 206-208, 211-218

명주(命主) 44, 97, 128, 129, 187

목적론 26-28

목적인(目的因) 27

밀라노 칙령 102

ㅂ

바르트(Karl Barth) 11, 140, 154-157, 204, 205

바울(The Apostle Paul) 50, 67, 72, 111, 139, 142, 147, 153, 202

박재완(朴在琓) 187, 912

범재신론(panentheism) 32

베이컨(Francis Bacon) 29-31

복명(復命) 178

본연지성(本然之性) 79, 80, 123

본회퍼(Dietrich Bonhoeffer) 94, 108-111, 133

비겁(比劫) 125

ㅅ

사도 요한(John the Apostle) 133

사명(使命) 87, 108, 162-165, 198, 206

삶의 정황(Sitz im Leben) 25

삼명통회(三命通會) 51, 85, 195, 196, 198-200

삼위일체 49-54, 150, 152, 202

생극제화(生剋制化) 39, 124, 200
생생지위역(生生之謂易) 54
생태학 32, 33, 54
서경(書經) 140, 159
서괘전(序卦傳) 42
서대승(徐大升) 181, 183, 197
섭리(providentia) 28, 35, 101, 139, 143, 151, 211-216
성도의 예정에 관하여 145
성리대전(性理大全) 80
성리학 8, 10, 34, 37-39, 79-81, 121-123, 134, 168, 174-177, 182, 207
성선설 77, 81, 89
성숙한 세상 108, 109
성악설 79, 89, 119
세운(歲運) 194, 195
소강절(邵康節) 175
수명우천(受命于天) 158
숙작론 179, 180
순자(荀子) 34, 36, 37, 60, 77-79, 89, 96, 118-121, 133-134, 165-167, 206
스콜라 철학 27
식상(食傷) 125, 126, 192
신기관 29
신법명리(新法命理) 181-183
신성(Godhead) 49, 51, 53, 54

신약 21, 24, 50, 63, 65, 75, 98, 99, 111, 139, 142
십간 45, 84, 180, 199
십이지 41, 45, 84, 180, 199
심효첨(沈孝瞻) 41, 83, 181, 192, 199

ㅇ

어거스틴(Augustine) 11, 68, 69, 102-106, 132, 133, 139-149, 152-157, 202, 204, 205
에크하르트(Meister Eckhart) 48, 49, 53, 66
에페소서 99, 145, 212
연해자평(淵海子平) 51-53, 86, 128, 141, 183, 184, 188-190, 197, 215
예수 24, 48, 50, 67, 70-72, 89, 93, 94, 98-102, 110, 111, 132, 133, 150, 153, 154-157, 202-205
예정론 11, 66, 73, 89, 139, 140, 142-143, 145-157, 202, 204, 205, 208, 214-215
왕도정치 117, 121, 134
왕충(王充) 170-174, 179, 206
요한복음 71, 143, 153
욥기 26
용신(用神) 187-194, 196, 200, 201, 207
운명론 11, 66, 85, 139, 153, 157, 158, 172, 177-

180, 194, 197, 203-208, 212, 214-216
운명애(amor pati) 87
운칠기삼(運七技三) 90, 217
원죄 68, 103, 104, 144
원천강(袁天綱) 181
유기체 22, 32-34, 39, 54
유백온(劉伯溫) 82, 181, 197, 198
유한성 59, 65-67, 88
육십갑자 45-46
육친(六親) 97, 124, 126, 127, 180, 188
은총 50, 144-147, 152
음양오행 10, 23, 39, 40, 42, 44, 47, 53, 61, 81, 84-86, 90, 97, 124, 167, 176, 177, 183, 184, 186, 187, 194, 197, 199, 200, 206-208, 214-216
이기불상리(理氣不相離) 38
이기불상잡(理氣不相雜) 38
이일분수(理一分殊) 38
이허중(李虛中) 181
인도(人道) 43, 82,
인성(印性) 125, 127, 192, 194
일간(日干) 40, 124-126, 128, 181-183, 186, 188, 190
일반 섭리(providentia generalis) 11, 66, 213-216
임철초(任鐵樵) 43, 44, 181, 193, 200

ㅈ

자만(hybris) 68, 70
자평명리학 173-176, 182-18, 191, 194, 195, 197, 200, 206-208
자평진전(子平眞詮) 41, 184, 187, 192, 193, 196, 199, 200
자평진전평주(子平眞詮評註) 83, 180
장자(莊子) 178, 179
재성(財星) 97, 125-130, 135, 190
적천수(滴天髓) 82, 83, 141, 184, 186, 197
적천수집요(滴天髓輯要) 180,
적천수천미(滴天髓闡微) 43, 193, 200, 201
전도서 27
정명론(定命論) 40, 115, 120, 134, 160, 167, 170, 174, 177, 194, 208
조엘 비키(Joel R.Beeke) 212
존천리거인욕(存天理去人欲) 80
죄성(sinfulness) 10, 66, 68, 69, 103, 144
주역(周易) 22, 39-42, 54, 74, 160, 185
주희(朱熹) 37, 79, 80, 122, 175-177
중용(中庸) 79, 81, 82, 113, 161
중화(中和)사상 187, 191, 194, 201, 207
지도(地道) 43, 82
지장간(地藏干) 43, 183, 189, 193, 200
지지(地支) 43-45, 47, 181, 183, 184, 187, 189, 193, 195, 200, 207

진지린(陳之遴) 181

ㅊ

창세기 21, 25, 26, 31, 50, 63, 64, 66-68, 101
천간(天干) 43-45, 47, 183, 184, 187, 193, 200, 207
천도(天道) 43, 82, 141, 171
천명(天命) 78, 87, 159-167, 172, 174, 175, 184, 198, 205
천인감응 81, 167, 169, 170, 206
천인상분 78
천인합일 33, 35, 36, 39, 43, 96, 118
천지인삼재 35, 39, 40, 42-44, 52, 81, 82, 84, 89, 200
천지지성 79, 80
초월성 59, 65, 66, 88
춘추번로(春秋繁露) 43, 167-169, 185
춘추전국시대 95, 112, 133
출애굽기 24

ㅋ

칼빈(Jean Calvin) 11, 70, 94, 105-107, 133, 137, 140, 143, 146, 148-153, 155-157, 202-205, 212, 213
콘스탄티누스 102

콘큐피스켄치아(concupiscentia) 69

ㅌ

타락 10, 59, 66, 67, 70, 88, 103, 106, 118, 156, 205
태극(太極) 38, 40, 41, 52, 80, 122, 170, 200
태극도설(太極圖說) 37
태소(太素) 51-54
태시(太始) 51, 52, 54
태역(太易) 51-54
태초(太初) 27, 50-54, 149
특별 섭리(providentia specialis) 66, 213-216,

ㅍ

폴 리쾨르(Paul Ricœur) 67
펠라기우스(Pelagius) 139, 144, 148, 152
프로비덴티아(providentia) 213
프로테스탄트 31, 154
피기우스(Albert Pighius) 149
피조성 10, 21, 63-66, 70
필립비서 72

ㅎ

하느님의 도성(The city of God) 102-104
허신(許愼) 158
행운(行運) 173, 184, 194-196, 201, 207-208

화성기위 120, 134

황극경세서(皇極經世書) 175, 176

회개 60, 70-73

기독교, 명리학과 만나다
기독교와 명리학의 공존은 가능한가?

초판 1쇄 인쇄 2022년 1월 11일
초판 1쇄 발행 2022년 2월 4일

지 은 이 | 이남호

발 행 인 | 성　훈
발 행 처 | 훈스토리북
디 자 인 | 이보람
등　 록 | 제2020-000019호(2016년 4월 27일)
주　 소 | 서울특별시 서초구 서초대로46길 99 4층
팩　 스 | 050-7077-3463
이 메 일 | hoonstorycom@naver.com

저작권자 ⓒ 이남호, 2022
· 저작권법에 의해 보호를 받는 저작물이므로 무단전제와 복제를 금합니다.
· 이 책의 일부 또는 전부를 이용하려면 저작권자와 훈스토리북의 서면 동의를 받아야 합니다.
· 책값은 뒤표지에 있습니다. 잘못된 책은 구입하신 곳에서 바꾸어 드립니다.

ISBN 979-11-91165-05-0(03210)

홈페이지　www.hoonstory.co.kr　　　블로그 https://blog.naver.com/hoongroup
인스타그램 instagram.com/hoonstorybook

· 훈스토리북은 독자 여러분의 다양하고 참신한 원고를 기다리고 있습니다. hoonstorycom@naver.com 으로 보내주세요.